지역사회의 책문화 살리기

저자 부길만

현재 동원대학교 명예교수, 문화재위원회 위원
한국외국어대 독어과 졸업, 영국 셜리오크 대학 수료
중앙대 신문방송대학원 출판 잡지 전공 졸업
한양대 대학원 신문방송학과 졸업(문학박사학위 취득)
(사)어린이도서연구회 이사장, (사)한국출판학회 회장 등 역임
《조선시대 방각본 출판 연구》(2004년 대한민국학술원 선정 우수학술도서)《책의 역사》(2009년 문화체육관광부 선정 우수학술도서)《지역사회와 민주주의를 말하다》《출판산업 발전과 독서 진흥》《한국 출판의 흐름과 과제》(전2권)《출판기획물의 세계사》(전2권),《출판학의 미래》외 다수

책문화교양
003

지역사회의 책문화 살리기

독서공동체와 책 읽는 도시를 어떻게 만들 것인가

부길만 지음

카모마일북스

서문
지역사회와 책문화는
둘이 아니라 하나이다

이 책은 지역사회 공동체의 책문화를 어떻게 키울 것이냐에 초점을 맞추고 있다. 오늘날 지역사회 공동체는 국가나 민족공동체 못지않은 무게로 다가온다. 그 중요성은 점점 커져갈 것이다. 지역사회와 책문화는 둘이 아니라 하나이다. 지역사회 속에 책문화가 있고 책문화 속에 지역사회가 있다. 이것이 저자의 구상인데, 현실은 이 구상이 부분적으로나마 이미 하나의 운동으로 전개되고 있다. 최근 지방자치단체와 지역의 도서관이 힘을 합쳐 추진하고 있는 '책 읽는 도시' 사업이 바로 그것이다. 말 그대로 책 속에 도시가 있고, 도시 속에 책이 있어, 이상적인 시민 독서공동체가 형성되고 있다는 생각을 갖게 해준다.

저자가 1980년 서울양서(良書)협동조합 실무 책임을 맡아 좋은 책 읽기 운동에 참여했을 때만 해도, 독서운동이 일부 지식인의 호응을 얻고 언론의 조명을 받기는 했지만, 문화정책 당국이나 국공립 도서관 등 공적 영역에서는 거의 무시되다시피 했다. 오히려 정부 차원에서는 독서나 출판정책이 진흥이 아니라 통제와 감시 기능에 치우쳤다고 할 수 있다. 그러나 이제는 지자체가 공공도서관과 함께 독서운동을 앞장서서 벌이고 있으니 매우 고무적인 일이 아닐 수 없다.

물론, 아직도 갈 길은 멀다. 독서문화 진흥에 적극적으로 나서는 지자체도 현재는 선구적인 소수에 불과하고 대부분의 도서관 관계자나 시민들의 경우, 책문화를 키워야 한다는 데에 폭넓은 공감대가 이루어지지 않고 있다. 중앙이든 지방이든 정부의 예산 배정도 매우 인색한 실정이다.

이 책은 이러한 현실을 극복하기 위한 방안과 정책 대안을 밝혀보고자 한다. 아울러 지역사회 독서운동의 구체적인 방향을 제시하고자 한다.

전체가 3부로 구성된 이 책의 제1부는 지역사회와 책문화를 함께 살리는 방책을 네 가지로 제안한다. 첫째, 책문화를 구성하는 각 부문이 긴밀한 연대를 이루어야 한다. 둘째, 지역 언론과 책문화의 긴밀한 연계이다. 이를 바탕으로 시민단체, 시민 독자, 지자체 등이 함께 힘을 모아야 한다. 셋째, 지역사회 교육기관과의 연대이다. 넷째, 국제 교류·협력이다. 한국과 외국의 정부 및 지자체 사이, 국내외 서점·도서관·독서단체 사이의 교류 및 책을 사랑하는 사람들 사이의 국제 연대를 제안한다.

제2부는 전국에 흩어져 있는 지역출판사들의 간행물과 지역 콘텐츠를 한자리에 모아 놓은 지역도서전의 의의를 밝힌 다음, 나아갈 방향을 이렇게 제시한다. 첫째, 도서를 매개로 지역의 핵심 이슈를 담아내고 소통하는 광장이 되어야 한다. 둘째, 지역의 핵심 콘텐츠를 바탕으로 세계로 나아가야 한다. 셋째, 시대정신을 표현하는 자리가 되어야 한다.

제3부는 지방분권시대 리더의 역할과 독서운동을 논의한다.
우선, 일본 나가노현의 시오지리 시립도서관과 돗토리현의 현립도서관 탐방을 통해 얻은 지역사회와 책문화 살리기의 구체적인 방안과 실천 사례들을 소개한다.
지방분권시대 리더의 자세와 역할을 논한다. 시민들의 수준 높은 문화 향유, 독서 생활화, 창의 교육, 공동체 의식의 함양 등이 지역사회에서부터 시작되어야 한다. 이 일에 앞장서는 것이 리더의 역할이라고 강조한다.
고령화시대의 독서운동을 제안한다. 구체적으로 노인들을 위한 그림책 함께 읽기, 각 가정에서 독서가족신문 발행하기, 노인 자서전 만들기 운동을 제시한다.

  자녀의 책 읽기 지도 방안과 독서 방식을 살펴보고, 함께 읽으며 생각의 힘과 협동정신을 키워나가는 독서운동을 제창한다.

  이 책이 지역사회 공동체와 책문화의 발전을 바라는 시민들, '책 읽는 도시'를 구현하고자 애쓰는 공직자와 유관기관 관계자들, 책을 사랑하는 모든 분들에게 도움이 되었으면 한다.

2019년 4월

저자 부길만

목차

서문 지역사회와 책문화는 둘이 아니라 하나이다 _ 5

· 제1부 ·
지역사회의 책문화 살리기

지역사회의 책 읽기 _ 15
지역사회 공동체의 존재 이유 _ 19
책문화생태계 _ 23
지역사회와 책문화생태계 결합의 효과 _ 27
지역사회와 책문화 살리기 방안 _ 31
'책 읽는 도시'를 위하여 _ 37

· 제2부 ·
지역출판과 지역도서전

출판학 연구 관점에서의 지역출판 _ 43
지역출판과 출판학 연구 _ 45
지역출판의 의의 _ 59
지역도서전의 의의 _ 65
지역도서전의 나아갈 방향 _ 71

· 제3부 ·
지방분권시대 리더의 역할과 독서운동

지방분권시대 책문화 살리기	_ 79
일본의 독서 경연대회 '비블리오 배틀'	_ 85
일본 돗토리현의 책문화 살리기	_ 87
지방분권시대 리더의 자세와 역할	_ 99
고령화시대에 독서운동을 제안함	_ 105
자녀의 책 읽기 지도를 위하여	_ 109
독서 방식의 변화	_ 113
디지털 시대의 바람직한 독서 방식	_ 115
참고문헌	_ 117

| 일러두기 |

제1부

지역사회의 책문화 살리기: 2018년 11월 26일 전주시 완산도서관(책 읽는 도시 팀)에서 주최하고 문화체육관광부와 '2018 책의 해 조직위원회'에서 후원한 '전주시 독서문화 생태계 비전 포럼'에서 행한 기조 강연 내용임.

제2부

지역출판과 지역도서전: 2017년 5월 25일 한국지역출판연대와 및 (사)제주출판인연대가 공동으로 주최하고 제주특별자치도와 제주문화예술재단에서 후원한 '제주한국지역도서전' 세미나에서 발표한 내용임.

제3부

〈이천설봉신문〉에 기고한 칼럼임. 게재일자는 다음과 같음.
지방분권시대 책문화살리기 2017년 7월 13일
일본의 독서 경연대회 '비블리오 배틀' 2017년 7월 13일
일본 돗토리현의 책문화 살리기 2018년 1월 25일, 2018년 2월 1일
지방분권시대 리더의 자세와 역할 2018년 5월 17일
고령화시대에 독서운동을 제안함 2017년 3월 23일
자녀의 책 읽기 지도를 위하여 2018년 8월 10일
독서방식의 변화 2018년 8월 10일
디지털 시대의 바람직한 독서 방식 2018년 8월 10일

제1부

—

지 역 사 회 의
책 문 화 살 리 기

지역사회의 책 읽기

지역 문제의 중요성

지역 문제는 한 국가 내의 일부분이라는 영토 개념으로 파악해서는 안 된다. 오늘날 지역 이슈는 현대 문명의 흐름 속에서 보아야 하고 시대정신의 구현이라는 관점에서 살펴봐야 한다. 미래학자 앨빈 토플러는 현대사회가 거대한 문명의 전환기에 처해 있어 규격화에서 다양화로, 집중화에서 분산화로, 중앙집권화에서 지방분권화로 새로운 질서를 향해 나갈 것이라고 예견한 바 있다. 이러한 시대적 추세는 이미 진행되고 있다. 한국도 1995년부터 지방자치제도가 시행되어 지방의회 의원과 지방자치단체의 장을 선거로 선출하기 시작했다. 그러나 20년이 지난 현재까지도 바람직한 지방분권화라는 새로운 질서가 정착되었다고 말하지 못한다. 오히려 지역불균형 현상이 사회, 경제, 문화 등 전반적인 분야에서 심화되고 있다.

이런 상황에서 헌법을 개정하여 정부의 구조와 역할을 지방분권형 체제로 바꿔야 한다는 주장이 힘을 얻고 있다. 시민들의 힘이 결집되어 터져 나온 촛불혁명 이후 탄생한 현 정부에서는 지방분권을 위한 개헌안을 2018년 3월 발의한 바 있다. 국회의 외면과 무시로 논의조차 이루어지지 못했지만, 그 헌법 개정안에는 주목할 내용들이 있다.

"대한민국은 민주공화국이다"라고 밝힌 헌법 제1조에 "대한민국은 지방분권국가를 지향한다."는 선언을 추가합니다. 지방자치단체의 명칭도 지방정부로 바꾸고, 그동안 "법률이 허용하는 범위 내에서"라고 국한했던 지방정부의 자치입법권도 강화하여 "법률에 위반되지 않는 범위에서" 법률이 정하고 있지 않은 사항도 조례로 제정할 수 있도록 했습니다. 현재 법률로 규정되어 있는 주민발안제, 주민투표제, 주민소환제를 헌법에 담아 주민의 참여를 강화하는 방안을 마련했습니다(《한겨레신문》, 2018.3.22.).

지방분권 개헌에 대하여 김부겸(2018)은 이렇게 말했다. "이제는 개발연대의 '국가'가 아니라 '지방'의 다양성과 창의성을 성장 전략으로 삼아야 한다 … 국가 운영의 틀을 근본적으로 다시 정립하자는 국민적 합의와 결단이 최고 규범인 헌법에 반영되어야 한다."

이러한 지방분권 제도는 선진 유럽에서는 이미 오래 전부터 시행되어 정착되고 있다. 예를 들면, 국가경쟁력 세계 1위에 단골로 오르고 국민소득이 8만 달러에 달하는 스위스는 2,300개의 지방정부가 잘 살기 위한 경쟁을 벌이고 있다. 각 지방 정부는 그 경쟁에서 이기기 위해서 끊임없는 혁신을 통해 효율성을 높일 수밖에 없다.

이러한 내용을 소개한 이기우(2017)는 지방분권의 필요성을 이렇게 강조한다. "국회가 법률 제정권을 독점하고 있다 보니 좋은 법률을 만들기 위해 노력할 필요가 없다. 국회가 만든 법률은 어느 지방에도 맞지 않는 경우가 많다. 독점기업처럼 국회의 법률 독점은 입법의 품질을 하락시킨다. 우리의 지방들이 외국의 지방들과 경쟁해 기업을 유치해 일자리를 만들고 지역을 발전시키기 위해서는 헌법을 개정해 지방이 자유롭게 활동할 수 있도록 손발을 풀어 주어야 한다. 지방마다 지역 발전을 위한 다양한 정책 구상을 자기 책임으로 실현할 수 있도록 지방정부에도 법률 제정권을 주어야 한다. 그러면 중앙정부와 지방정부 간, 지방정부 상호 간에 치열한 입법 경쟁을 통해 창조적 혁신이 아래

로부터 일어날 것이다. 대한민국이 만성적인 경제 불황에서 탈출해 재도약하기 위해서는 지방분권 개헌으로 새로운 활력을 찾아야 한다."

귀담아 들어야 할 주장이다. 그러고 보면 국가경쟁력을 높이는 일도 지역사회의 활동과 직결된다. 그런데 지역사회의 활동에서 중요한 것은 문화이다. 그동안 지역사회의 문제가 행정이나 경제 또는 단순 복지 중심으로 논의되어 왔다. 핵심을 놓친 시도다.

지역사회 공동체의 존재 이유

 현대사회에서 지역사회 공동체는 민족공동체 못지않게 중요한 공동체로 인식해야 한다. 지역은 민족공동체 구성원들이 꾸려 나가는 삶의 현장이고, 민족의 문화를 지키고 가꾸는 터전이기 때문이다. 우리가 지역사회를 발전시켜야 하는 이유, 지역사회 공동체의 존재 이유를 네 가지로 정리해 볼 수 있다.

① 시민 삶의 질 향상
 첫 번째는 지역사회 시민들의 삶의 질을 향상시키기 위한 것이다. 지역사회의 주체는 지역의 주민들이다. 이것은 민주주의의 기본이다. 그러나 국가 단위 또는 광역자치단체의 규모에서는 시민 한 명 한 명의 의사나 권리가 분명하게 드러나기 어려울

수 있다. 그래서 민주주의가 발달한 선진국에서는 예외 없이 지방자치가 활성화되고 있다. 이것이 바로 국가의 발전이고 역사 발전의 과정일 것이다.

지방분권이나 지방자치에서는 서울도 예외가 아니다. 서울도 큰 도시로서가 아니라 각 구나 개별 동네에 사는 주민들의 삶의 질을 높일 수 있도록 해야 한다. 주민들의 삶의 질이 향상되어야 문화선진국의 국민으로서 자부심을 가질 수 있다. 결국 문화선진국의 달성은 큰 규모의 국가나 광역자치단체의 차원이 아니라 지역의 현장 속으로 들어가야 가능해진다. 이것이 지역사회 공동체의 존재 이유다.

또한 시민이라고 할 때 일반 시민은 물론이고 장애인, 경제사회적 약자, 복지의 사각지대에 놓인 사람들, 극빈 가정이나 소년소녀 가장, 다문화 가정 등을 모두 포함해야 할 것이다. 모든 시민들이 지역사회가 제공하는 다양한 문화 복지 혜택을 받을 수 있을 때 시민들의 삶의 질이 높아질 수 있다.

최근 저자가 사는 경기 광주에서 장애인복지관을 짓는 것에 대한 논의를 할 때, 장애인과 비장애인이 함께 어울려서 문화예술을 즐길 수 있는 공간이 되어야 한다는 의견을 낸 바 있다. 시민의 삶의 질을 결정하는 것은 결국 문화이다. 주민들이 문화를 만들어내고, 언제 어디서나 자유롭게 문화를 향유할 수 있어야 삶의 질도 높아질 수 있다. 그래서 지역사회의 문제는 곧바로 문화의 문제로 환치되는 것이다.

② 직접민주주의 구현의 공간 제공

두 번째 지역사회 공동체의 존재 이유는 지역사회가 직접 민주주의를 실현하는 공간이 될 수 있기 때문이다. 현대와 같이 복잡해진 사회는 국가 단위로 민주주의를 구현하는 데에 한계가 있다. 각 지역의 다양성과 창의성을 살려낼 수 있는 직접민주주의를 구현하는 데에는 지역사회가 적합한 공간이라 할 수 있다. 민주주의의 기본인 소통 문제, 즉 시민들 간의 소통, 각종 기관이나 정부와 시민들 간의 원활한 소통을 가능하게 하고 그러한 소통의 체험을 자유롭게 할 수 있는 곳이 바로 지역사회이다. 지역사회를 사랑하는 시민과 전문가, 정책 담당자들이 수시로 모여 소통하며 지역 현안을 논의하고 해결책을 만들어 낼 수 있는 곳이 바로 지역사회 공동체이다.

③ 지역의 문화콘텐츠 발굴·보존

세 번째 지역사회 공동체의 존재 이유는 지역의 콘텐츠와 지역의 고유문화를 살려내고 널리 알리는 데 있다. 한반도는 오천 년의 역사가 곳곳에 깃들어 있기 때문에 지역사회 어느 곳이나 흥미 있는 콘텐츠와 다양한 스토리들을 간직하고 있다. 이러한 콘텐츠와 스토리들을 현재에 살려내고 미래의 민족문화로 끌어

올리는 것이 지역사회 공동체의 역할이다.

④ 평화 만들기

네 번째 지역사회 공동체의 존재 이유는 평화 만들기에 있다. 평화 만들기는 한민족의 유전자에 깊이 새겨져 있다. 한민족은 외세의 침탈에 대항하여 강력하게 저항하였지만, 남의 나라 영토를 빼앗지는 않았다.

평화 만들기의 반대는 전쟁을 통한 영토 확장이다. 이는 제국주의의 본질로서 대국 지향이다. 평화 만들기는 작은 지역사회, 조그마한 마을에 적합하다. 나라가 크더라도 모든 행정과 시민들의 삶의 현장이 작은 공간인 지역사회 공동체 단위로 이루어질 때, 평화 만들기가 시작된다. 노자가 말하는 소국과민(小國寡民)의 이상이기도 하다. 작은 나라 적은 수의 백성이 가장 이상적인 정치체제라는 것이다. 이것이 바로 지역사회 공동체의 구조인데 시민들의 행복지수, 삶의 만족도를 높여주는 바탕이 될 것이다.

책문화생태계

책문화라는 용어가 본격적으로 논의되기 시작한 때는 2017년 9월 〈출판저널〉 500호에 실린 좌담 '국가경쟁력과 책문화생태계의 현재와 미래'에서부터였다고 할 수 있다. 여기에서 책문화생태계를 거론하게 된 것은 그동안 출판산업, 서점, 도서관, 독서운동단체, 독자들의 문제가 연계성을 소홀히 하며 개별적으로 움직이는 것에 대한 반성적 사고였다고 볼 수 있다. 저자도 이 좌담에서 책문화생태계에 대한 개념을 다음과 같이 이야기했다.

책문화생태계란 책을 둘러싼 서클이라고 볼 수 있습니다. 책을 만드는 사람, 만들어진 책을 유통시키는 사람, 책을 사서 읽는 사람, 곧 소비 주체가 있지요. 이 흐름이 제대로 돌아가게 만들어주는 정부 정책, 교육, 국민들의 문화의식, 사회 분위기 등 이 모든 것을 통틀어서 저는 책문화라고 봅니다. 앞으로 책문화 안에 산업이 들어가야지 산업적인 접근으로 책문화를 보아서는 안 되겠다는 것입니다.

책을 만드는 단계에는 크게 저술그룹과 출판그룹이 있습니다. 저술그룹은 원고를 쓰는 저자들이고, 출판그룹은 원고를 선별하거나 기획을 합니다. 책문화의 유통은 서점, 도서관 등에서 가장 중요한 역할을 담당하지요. 제일 중요한 것은 소비의 측면이라고 봅니다. 소비는 곧 독서인데 한 권의 책이 그냥 소비자에게 전달됨으로써 끝나는 게 아니라 독자가 읽고 평도 하고 토론도 하는 것을 말하지요. 도서관이나 서점에서 하는 독서동아리 등의 다양한 활동이 소비라고 봅니다. 이러한 일련의 시스템을 묶어서 전체를 큰 틀에서 봐야 합니다.

생태계는 결국 유기체인데 큰 틀로 가면 이게 국가경쟁력이지요. 우리 한국사회가 세계 문화에 어떻게 유익하게 기여해야 하는가, 이러한 거시적인 문제까지, 그리고 시대의 흐름을 어떻게 반영할 것이냐, 시대정신 등 거시적인 관점에서 볼 수 있는 분야가 책문화라고 봅니다. 동시에 사람들의 삶의 현장 속으로 책문화가 세세하게 들어갈 수 있도록 하는 것이 중요합니다.

《책문화생태계의 현재와 미래》
한국어판

《出版の夢と冒険》(출판의 꿈과 모험)
일본어판

'책문화생태계'라는 개념은 한국처럼 어려움을 겪고 있는 일본의 출판계에서도 큰 관심을 보여주고 있다. 〈출판저널〉에서는 '책문화생태계의 모색과 대안' 좌담을 매호 연재하고 있는데, 이를 읽은 일본의 출판평론가 다테노 아키라 선생이 일본 출판계에 번역출판을 제안하여 일본어판 단행본이 2018년 11월 11일 일본의 출판사인 미디어펄(Mediapal) 출판사에서 발행되었다.

그리하여 한·일 동시 출간이 이루어진 셈인데, 한국어책 제목은《책문화생태계의 현재와 미래》이고, 일본어책 제목은《출판의 꿈과 모험-한국의 서적생태계의 모색과 대안》(出版の夢と冒險-韓國の書籍文化生態系の摸索と對案)이다.

2018년 11월 11일 일본 동경의 출판클럽 대회의실에서 일본어판 서적의 출판기념회가 열렸다. 이 자리에서 많은 이야기가 오갔는데, "출판 현실은 힘들지만 책을 읽는 사람은 읽는다."는 공감대를 확인할 수 있었다. 책문화생태계에 어울리는 내용이다. 동시에 어느 출판사 대표의 충고가 생각난다. "출판사들이 많이 팔려는 정책을 쓰면 안 된다. 그것은 출판이 아니다. 책이 필요한 사람에게 필요한 책을 만들어내는 것이 출판이다." 책문화생태계로 볼 때는 의미 있는 발상이다. 오락거리, 볼거리들이 많은 요즘 책도 엄청 많이 쏟아지고 있는데, 어떤 책을 어떻게 내느냐가 중요하다.

지역사회와 책문화생태계
결합의 효과

지역사회와 책문화생태계의 결합이란 일상적 관계를 넘어선 강력한 연대를 나타내기 위한 표현이다. 지역사회 공동체 안에 책문화생태계가 있고 책문화생태계 안에 지역사회 공동체가 있어 유기적으로 긴밀한 연계가 이루어진다. 그 결합의 효과를 다음 네 가지로 정리해 볼 수 있다.

① **지역문화의 활성화**
첫째는 지역문화의 활성화이다. 책이란 문화를 보존하고 창조하는 데 가장 유리한 매체이다. 따라서 책문화생태계가 활성화되면 문화가 활성화되고, 지역사회와 지역문화가 활성화되는 것은 당연한 일이다.

② 평생학습의 확장 및 고령화시대의 극복

두 번째는 평생학습의 영역과 기회를 확장하고 고령화시대에 대비할 수 있다는 점이다. 이제는 학교 교육에서 배운 지식만으로는 살아가기 힘든 시대이다. 더욱이 평균 수명이 늘어나면서, 새로운 학습과 지식의 필요성은 커지고 있다. 한국은 이미 2017년 노인 인구가 14%를 넘어서면서 고령사회로 진입했다. 노인들의 문제는 국가기관이나 중앙정부보다는 지역사회 공동체에서 효과적으로 해결할 수 있다. 이제는 노인 문제를 단순한 복지나 주거의 측면에서가 아니라 평생학습의 관점에서 바라보아야 한다.

노인들도 문화예술을 기꺼이 즐길 수 있어야 되고 교육에도 참여할 수 있어야 한다. 뉴스를 보니 79세 할머니가 수능시험을 보았다고 한다. 최근 저자가 살고 있는 지역신문에는 85세 할아버지가 요양보호사 자격증을 딴 기사가 실렸다. 고령화 시대를 평생학습으로 극복하는 케이스다. 이러한 분들의 활동을 격려하고 지원해주는 곳이 바로 지역사회 공동체이다.

③ 아동·청소년 교육의 혁신

세 번째는 아동·청소년 교육의 혁신이다. 현재 우리 교육은 지나친 경쟁과 입시 위주의 정책으로 인하여 책을 읽고 생각의 힘을 키우는 일을 소홀히 하고 있다. 책문화생태계가 교육기관과 힘을 합쳐 아동·청소년 교육에 혁신을 일으키지 않으면, 국가경쟁력이 저하될 뿐만 아니라 시민 개개인의 행복지수와 삶의 만족도가 크게 내려갈 수밖에 없다.

교육과 독서가 유리된 현장을 극복하기 위해서는 학교와 책문화생태계가 유기적으로 밀접한 관계를 맺어야 한다. 다시 말하면, 지역의 도서관, 서점, 지역에 거주하는 문인, 전문가 등 저술그룹 등이 학교의 수업이나 방과 후 교실, 진로체험 학습, 자유학기제 활용 등을 통하여 교육 현장에 참여할 필요가 있다. 출판인들은 지역의 특성에 맞는 콘텐츠를 찾아내어 교육용 서적을 출간해야 한다. 현재 일부 지방에서는 해당 지역사회의 문화와 역사를 알리는 마을 교과서를 제작하여 학교 수업을 이끌기도 한다.

④ 남북교류의 교두보

네 번째는 남북교류의 교두보 역할을 할 수 있는 영역과 공간의 확장이다. 공간적으로는 남한의 도시와 마을이 북한의 도시와 마을과 교류하는 것이 기본이 되지만, 교류의 매개가 책문화가 될 때 출판인, 서점, 도서관, 독서단체 등으로 그 영역이 확장될 수 있다. 남과 북의 지방자치단체가 책문화를 중심으로 한 교류를 열어주고 촉진시켜 나갈 때 남북의 교류는 큰 시너지 효과를 발휘하게 될 것이다.

독일의 경우, 동서독의 분단 상황에서도 서적교류는 1950년대 이래 꾸준히 이루어졌다. 서적의 교류는 베를린 장벽과 동서독간의 철책에도 불구하고 동서독 주민들을 연결시켜준 '장벽 속의 구멍'과 같은 역할을 했다.

1961년부터 1989년까지 총 197만 2,535종의 서적이 동독으로 반출되었으며, 같은 기간 83만 8,582종의 서적이 서독으로 유입되었다는 통계가 있다(손기웅, 2006). 이러한 독일도 통일 이후 초기에는 서독인과 동독인 사이에 갈등과 상호 비방이 심했다.

통일 이후 여러 시행착오를 겪은 독일은 15년이 지난 2005년에야 국민의 80%가 독일 통일이 잘된 일이라고 긍정적으로 대답하는 조사결과가 나온다. 2005년 독일 베를린 자유대학에서 범우출판문화재단과 공동으로 개최한 세미나에서 만난 독일인들은 통일의 문제를 검토하는 데에 문화를 중시해 줄 것을 요청하기도 했다(부길만, 2014).

그러고 보면 통일을 준비하는 것도 문화가 되어야 하지만, 통일 후 그 후유증을 치유하는 일도 문화가 주도적으로 맡아야 한다. 문화의 핵심으로서 책문화의 역할도 커지게 될 것이다. 이럴 때 지역사회 공동체와 책문화생태계가 결합하게 된다면 그 시너지 효과는 매우 크리라고 생각한다.

지역사회와 책문화
살리기 방안

지역사회와 책문화를 살리는 방안을 다음 네 가지로 생각해 보았다.

① 책문화생태계의 각 부문 연계

첫 번째 방안은 책문화생태계 각 부문의 긴밀한 연대이다. 앞에서 설명했듯이 책문화생태계에 포함되는 저자, 출판인, 서점인, 도서관, 시민단체, 독서단체, 독자 등을 함께 어우를 수 있는 하나의 공동체로 인식해야 한다. 이를 토대로 서로 긴밀하게 연대하면서 협력해 나가야 책문화생태계가 활력을 찾을 수 있다.

생태계는 유기체를 말한다. 태어나서 성장하고 소멸하는 생명체라는 것이다. 토인비는 문명도 하나의 유기체로 보았다. 그래서 문명도 생성, 발전, 소멸의 과정을 겪는다고 했다. 모든 문명은 유기체와 마찬가지로 여러 도전에 직면하게 된다. 이러한 도전에 힘차게 대응한 문명은 살아남았고 그렇지 못한 문명은 사라졌다고 토인비는 주장한다. 책문화의 소멸이야 없겠지만 책문화생태계 역시 유기체라고 할 때 그 발전은 지금 같은 심각한 도전에 어떻게 대응할 것이냐에 달려 있다. 다시 말하지만, 그 대응으로 가장 중요한 것이 효과적인 유대이다.

최근 공공도서관에서 필요한 도서들을 지역의 서점을 통하여 구입하는 경우가 있는데, 이는 책문화생태계 연대의 중요한 사례이다. 일본 돗토리현의 현립도서관은 연간 도서 구입비가 1억 엔인데, 책을 살 때 지역서점을 이용하여 정가로 구입한다. 현내의 7개의 크고 작은 서점에서 도서관용 희망 도서를 보내주면, 사서들이 그 희망도서들 중에서 선정하여 구입할 책과 다시 돌려보낼 책을 구분한다. 만일 서점 간에 책이 중복될 경우에는 규모가 작은 서점의 책을 먼저 구입한다고 한다.

② 지역 언론과 긴밀한 관계 형성

두 번째 방안은 지역 언론과 책문화생태계가 상호 긴밀하게 협력 체제를 이루는 것이다. 지역 언론이라 할 때는 지역의 신문, 방송, SNS 등이 다 들어갈 것이다. 이 지역 언론과 책문화생태계가 협조하면서 책 읽는 사회 만들기 운동, 생각하는 시민 교육 등에 적극적으로 나서야 한다.

③ 지역사회 교육기관과 연대

세 번째 방안은 책문화생태계와 지역의 교육기관, 특히 초·중·고 교육기관과의 연계를 강화하는 일이다. 이를 통하여 독서 환경을 개선하고 지역사회가 독서운동에 커다란 관심을 기울일 수 있게 해야 한다. 이는 앞에서 설명한 초·중·고 교육의 혁신과도 연결되는 일이다.

④ 국제 교류·협력

네 번째 방안은 국제 교류 및 협력이다. 국제 교류 및 협력은 크게 세 가지 트랙으로 생각할 수 있다.

첫째 트랙은 국내외의 지방정부 간의 교류이다. 한국의 여러 지방자치단체가 외국의 지방자치단체와 책문화를 매개로 결연을 맺으며 교류 협력을 키워나갈 수 있다. 특히, 독서운동을 활발히 벌이고 있는 국내 지자체에는 좋은 기회가 될 것이다. 전주, 대구, 강릉, 김해 등에서는 지자체가 중심이 되어 '책 읽는 도시' 캠페인을 벌이고 있다. 중앙정부가 지원하는 '대한민국 독서대전'은 1년에 한 번씩 정기적으로 열리고 있는데, 제1회(2014년) 군포를 시작으로, 제2회(2015년) 인천, 제3회(2016년) 강릉, 제4회(2017년) 전주, 제5회(2018년)는 김해시가 주관한 바 있다.

또한, '한국지역출판연대'가 주관하는 전국 지역 도서전시회가 해마다 열리는데, 2017년 제1회 전시회는 제주시에서, 2018년 제2회 전시회는 수원시에서 수원시와 공동으로 성공적으로 진행되었다. 2019년 제 3회 도서전은 전북 고창에서 열린다. 이처럼 국내의 많은 도시들이 책 읽는 사회 건설을 위하여 노력하고 있다. 이와 같은 시도와 성과를 바탕으로, 해외의 모범적인 문화도시들과 교류·협력한다면, 더욱 더 의미 있는 결실을 맺을 수 있을 것이다.

둘째 트랙은 국내외 단체 사이다. 국내와 해외의 책문화생태계 각 부문 간에 유기체적인 교류 협력이 이루어져야 한다. 즉 국내외의 저술그룹, 출판사, 서점, 도서관, 독서운동단체 등이 상호 교류하며 정보를 교환하고, 협력할 수 있는 방안을 찾고 실행해야 한다. 여기에는 해외에 거주하는 우리 동포들의 역할이 중요하다. 그들이 국제 교류·협력의 촉진자가 될 수 있도록 힘을 실어 주어야 한다.

동시에 책문화를 사랑하는 모든 해외기관 및 단체들과의 교류협력에 한국이 먼저 적극적으로 나서야 한다. 재단법인 범우출판문화재단에서는 러시아, 독일, 베트남, 대만 등의 출판 관련 단체와 정부 정책 담당자들과 일면식이 없었지만, 먼저 손을 내밀어 뜻있고 효과적인 교류의 장을 만든 바 있다.

셋째 트랙은 국내외 개인 간의 교류이다. 책문화를 사랑하는 사람들 사이에 국제 연대를 형성하자고 제안한다. 해외에 있는 독자 또는 독서동아리와의 교류를 말한다. 앞에서 이야기했던 〈출판저널〉의 특집좌담인 '책문화생태계의 모색과 대안'의 일본어판 출판기념회에서 한국의 책문화에 관심을 가진 일본인 20여 분을 만날 수 있었다. 한국 교포도 두 분 있었지만, 나머지는 한국어와 한국문화를 배우고 있는 일본인들이었다. 그렇다면 일본 서적에 관심 있는 한국인들이 이들과 지속적으로 교류할 수 있다면, 양국의 책문화생태계에 의미 있는 기여를 할 수 있겠다는 생각이 들었다. 구체적으로 책을 사랑하는 사람들 간에 국제적 연대를 만들 수 있겠다는 구상이다. 일본 도쿄 진보초에는 이러한 구상을 실천에 옮기고 있는 북카페 '책거리'가 있다. 이곳에는 한·일 양국의 독자들이 수시로 드나들고 모임을 하며 책문화를 아름답게 키워가고 있다. 한국에도 이에 대응하는 책 사랑 모임 공간이 있어야 한다. 뿐만 아니라 이런 독자들의 교류 공간이 다른 나라에도 생겨날 수 있도록 해야 할 것이다.

'책 읽는 도시'를 위하여

현재 '책 읽는 도시'가 여러 지자체에서 슬로건이나 이벤트로 제시되고는 있지만, 그보다는 책 읽기가 시민들의 일상생활로 정착되는 것이 중요하다. 이것이 지역사회와 책문화를 살리는 길이다. 이를 위하여 지역사회 공동체와 책문화의 결합 또는 연대가 전제되어야 한다. 그 연대 속에서 지역사회의 전통과 핵심 콘텐츠가 깊이 이해되고 미래를 위한 자산으로 쓰여질 것이다.

이런 점에서 전주는 그 역사나 문화적 전통을 생각할 때, 책문화 살리기에 가장 적합한 도시의 하나이다. 전주는 출판문화사를 공부하는 사람들에게 각별한 의미가 있는 도시다. 우선, 전주는 종이의 고장이다. 종이는 고대부터 중세, 근대에 이르기까지 출판의 가장 중요한 재료였다. 고려가 금속활자를 발명하고 사용할 수 있게 된 것도 최고 품질의 종이가 있었기 때문이다.

그런데 한국에서 금속활자를 발명했는데도 불구하고 그것이 확산되지 못한 이유는 도서 유통이 막혔던 까닭이다. 다시 말하면 상업 출판으로 발전하지 못했던 것이다. 한국에서 상업 출판은 방각본 출판으로 비로소 시작된다. 조선시대에 지방에서 방각본 출판을 주도했던 곳이 바로 전주다. 저자는 〈조선시대 방각본 출판 연구〉라는 논문을 쓰면서 전주 방각본의 특성을 이렇게 서술했다(부길만, 2003).

첫째, 유학 분야의 강조이다. 서울 지역이 오락적 독서에 치중했다면, 전주 지역은 유교적 교양에 집중했다. 둘째, 소설의 출판이다. 당시 최고의 베스트셀러였던 〈조웅전〉이 나왔고, 〈심청전〉, 〈퇴별가〉 같은 판소리계열의 작품들이 다수 나왔다. 셋째, 〈동몽선습〉, 〈아희원람〉 같은 민족 주체성을 강조한 아동교육서가 나옴으로써 교육의 선진화에 커다란 기여를 하였다.

이러한 전주의 책문화 전통은 오늘날에도 살아 있어, 현재 수많은 독서동아리들이 있고, 책 읽는 도시를 만들려는 시도들이 이어지는 것 같다. 이러한 전통을 더욱 살려나가 '책 읽는 도시'의 모델을 전국으로, 그리고 전 세계로 전파시킬 수 있도록 해야 할 것이다. 각 지역의 핵심 콘텐츠와 어울리는 '책 읽는 도시' 운동이 활기차게 이어질 때, 지역사회와 책문화는 크게 살아날 것이다.

제2부

—

지 역 출 판 과
지 역 도 서 전

출판학 연구 관점에서의 지역출판

　최근 지역출판이 출판계와 출판학계에서 주요 이슈의 하나로 제기되고 있다. 지역 문제가 이제는 국가적 차원을 넘어서서 현대 문명 전반의 흐름과의 연계 속에서 거론되고 있다. 미래학자 앨빈 토플러는 현대사회가 거대한 문명의 전환기에 처해 있어 규격화에서 다양화로, 집중화에서 분산화로, 중앙집권화에서 지방분권화로 새로운 질서를 향해 나아갈 것이라고 예견한 바 있다. 이런 추세 속에서 한국도 지방자치제가 시행되고 중앙집권적 권위주의 체제가 일부 해체되는 모습을 보였다. 하지만 사회 경제, 문화 부문에서의 지역불균형은 양극화 현상과 맞물리며 오히려 심화되는 양상을 보이고 있다(부길만, 2017, p.11~12).

　그러나 한편에서는 헌법을 개정하여 정부의 구조와 역할

을 지방분권형 체제로 바꾸어야 한다는 주장이 나오고 있으며, 2017년 3월 28일 서울 한국프레스센터에서 열린 〈제4차 산업혁명과 지역 혁신〉 공개 포럼에서는 미국, 일본, 독일, 스위스 등 국민소득이 3만 달러를 넘는 선진국들은 지방 분권을 하는 공통점을 갖고 있다는 지적이 나온 바 있다. 한국이 2005년 이래 10년 이상 1인당 국민소득 2만 달러대를 극복하지 못하고 있는 중요한 원인의 하나를 지역 발전이 이루어지지 못한 데에서 찾고 있는 것이다.

이처럼 지역 문제는 지역사회의 이슈를 넘어서서 현대 문명의 새로운 질서 구축 및 국가 경쟁력 강화와 직결되는 시대가 된 것이다. 지역출판에 대한 연구 역시 지역에 대한 세밀한 관심과 함께 거시적 안목도 병행되어야 할 것이다. 아울러, 출판학 연구라는 관점에서 새롭게 등장한 주제로 접근할 필요가 있다. 이 글에서는 이러한 인식을 바탕으로 지역출판과 지역도서전의 의의를 살펴보고자 한다.

지역출판과 출판학 연구

　지역출판과 지역도서전에 대한 논의는 그동안 다소 이루어졌고, 기본적인 개념 정립도 되어 있는 상태이다. 지역출판이란 "지역에 소재를 둔 서적 출판, 교과서 및 학습서적 출판, 전자출판 및 유통, 도소매업 서점" 영역으로 규정한다.(최낙진, 2015). 지역도서전이란 지역도서의 전시회를 말하는 것으로 지역도서의 범위는 다음과 같다(최낙진·김정명, 2016.9.1).
　서울과 파주출판단지를 중심으로 한 수도권 소재 대형 출판사를 제외하고 지역소재 서적 및 매체 출판업자가 발행한 책, 지역 소재 잡지, 지역소재 인터넷·모바일 전자출판서비스업자가 제공하는 출판 콘텐츠, 지역에 소재를 둔 사업자가 발행하는 서적, 잡지, 전자출판물 등이다.

지역 발전과 출판문화를 연계시킨 주장은 이미 1960년대에 나온 바 있다. 제주도 지역을 중심으로 한 한창영(1968.12.)의 연구인데, "제주도가 발달하려면 그 학문적 배경이 있어야 하는데 그것은 다름 아닌 제주도학(濟州道學)이요, 제주도학이 발달하려면 출판문화를 육성시켜야 한다."고 역설한다. 또한 지역문제와 지역생활담당자들의 목소리를 담아내는 문화틀로서 지역출판운동을 제창한 김형수(1987.2.)의 연구도 있다.

출판학계에서 나온 지역출판에 관한 초창기의 중요한 업적으로는 1980년대 이후 윤병태에 의하여 이루어진 역사적 고찰을 들 수 있다. 구체적으로 "충청지방의 출판문화"(1985), "경상감영과 대구지방의 출판인쇄문화"(1989), "평양의 목판인쇄 출판문화"(1992) 등이 있다.

지역출판에 관한 소중한 역사적 고찰은 2000년대 이후 인문사회계열 전공자들에 의하여 다수 등장하였다. 구체적으로, 대구 지역과 딱지본 출판의 전통을 연구한 박태일(2016), 완판본 출판과 지역민의 의식세계를 살핀 이태영(2015), 조선 후기 전남지역의 출판문화를 연구한 안현주(2012), 조선시대 태인지역의 고인쇄문화를 고찰한 옥영정(2006), 경상감영의 인쇄문화가 지역 출판에 끼친 영향을 연구한 장인진(2003) 등이 있다.

또한 지역출판의 문제를 역사적 고찰과 함께 1990년대의 상황에서 발전 방안과 대책을 내놓은 주목할 만한 연구가 나온 바 있다. 구체적으로 박문열(1997)과 류승렬(1995)을 들 수 있다. 박문열(1997)은 서적의 발생과 전래, 인쇄술의 발명, 삼국시대와 고려시대의 출판 등을 소개한 다음, 현존하는 세계 최고(最古)의 금속활자본인 〈불조직지심체요절〉을 간행한 청주 지역의 출판문화 역사를 고려시대, 조선시대, 근대(대한제국시기부터 해방 이전), 현대(해방 이후부터 1990년대 전반기)로 나누어 서술한다. 아울러, 청주지역에 관한 서지를 소개하고, 청주지역에서 진행되고 있는 금속활자의 복원사업을 설명한다. 결론에서는 "청주지역이 우수한 출판문화의 고장으로 재도약하기 위해서는 청주고인쇄박물관에 대하여 지방자치단체의 적극적인 지원과 투자가 선행되고, 출판문화를 연구하는 학계 및 활자를 복원할 수 있는 인재의 양성에도 재정적인 지원이 절실히 요구되고 있다"고 주장한다. 그리고 "청주시민들도 세계 인쇄문화의 요람지인 청주지역의 인쇄문화에 관하여 자부심과 긍지를 가지고 관심을 경주"할 것을 강조한다.

　류승렬(1995)은 부산지역의 출판 현황 및 그 대책을 논의하고 있는데 부산뿐만 아니라 지역출판 전반의 문제점과 대응 방안을 설득력 있게 제시하고 있다. 전국의 출판사, 인쇄사, 정기간행물의 등록 상황을 지역별로 살펴보고, 부산지역 출판사의 등록 연대와 조직 현황 등을 조사한다. 아울러 부산지역 출판사의 출판물 기획 방법, 표지 및 북디자인, 홍보 및 영업실태 등을 살핀다. 이러한 조사를 바탕으로 부산지역 출판계의 문제점과 대응 방안을 이렇게 제시한다.

부산지역 출판계의 문제점은 다음과 같다.

첫째, 도시 규모에 비해 출판의 규모가 너무 왜소하다. 독자층이 너무 얇다는 것을 의미한다. 둘째, 부산 지역 출판사는 대부분 개인회사 형태로 인쇄소 겸업 출판사이다. 이것은 출판사의 영세성을 말해준다. 셋째, 출판유통구조가 전근대적이고 불합리하다. 넷째, 출판 전문인력이 부족하다. 다섯째, 지역의 저자들이 서울에 있는 출판사에 출판을 의뢰하고자 한다. 여섯째, 인쇄시설이 노후하고 인쇄기술이 뒤떨어져 있다.

이에 대한 대응 방안을 다음 여섯 가지로 제안한다.

첫째, 소규모의 건전하고 의욕적인 출판사들을 재정적으로 지원할 수 있는 출판기금이 조성되어야 한다. 이를 위하여 향토기업 내지 문화단체에서 출판문화 지원 사업이 있어야 하고, 시 차원의 지원책 강구 등이 마련되어야 할 것이다. 둘째, 부산지역 출판협의회(가칭)의 결성이 시급하다. 여기에서 지역출판사, 기업가, 학계 관계자 등이 정기적으로 모여 지역출판 육성책을 강구해야 한다. 셋째, 출판협의회를 중심으로 지역출판 활성화를 위한 사업을 다각도로 마련하고 추진해야 한다. 넷째, 출판전문인력 양성과 확보를 위해 현재 활동 중인 출판계 종사자에 대한 재교육을 실시해야 한다. 다섯째, 부산지역 출판사들이 힘을 모아 새로운 유통구조를 만들어 도서유통구조를 혁신해야 한다. 여섯째, 인쇄, 제본 등의 공정과정을 서로 활용할 수 있는 출판단지의 설립을 검토할 필요가 있다.

박문열(1997)과 유승렬(1995) 공히 각 지역의 특색과 여건을 고려한 출판 발전 방안을 학자로서 선구적으로 제시했다는 데에 의의가 있다고 생각한다.

출판학계에서 지역출판에 관한 이론적 연구가 본격적으로 등장하고 지역출판의 실질적인 발전을 위한 구체적인 방안까지 제시하기 시작한 것은 2013년 5월 한국출판학회의 연구 분과인 '지역출판연구회'가 발족한 이후부터라 할 수 있을 것이다. 이 연구회의 발족을 계기로 지역출판인과 한국출판학회 회원들 간의 교류가 활발하게 진행되면서 연구 활동이 강화되었을 뿐만 아니라 지역출판의 중요성에 대한 사회 여론도 형성되기 시작하였다.

이러한 활동의 시작을 단적으로 보여주는 것은 2013년 10월 한국연구재단 후원으로 가톨릭청년회관에서 열렸던 한국출판학회 제27회 정기학술대회라 할 수 있다(한국출판학회, 2013.10.4.). 이 대회의 주제는 '지역출판의 현실과 희망'이었고, 발표자로는 학계에서 동서대 교수 이완수, 전남대 교수 안현주, 출판계에서 도서출판 산지니 편집장 권경옥, 도서출판 각 대표

박경훈이 나섰고, 토론자로는 전 한국출판학회장 이종국, 순천향대 교수 박몽구, 춘천 문화통신 대표 류현옥이 참여했다. 이완수는 "지금까지 지역 출판산업의 척박성에 대한 문제제기가 전혀 없었던 것은 아니지만, 학계와 출판계가 머리를 맞대고 문제를 공론화한 것은 사실상 이번이 처음"이라고 의미 부여를 했다.

이후에도 지역출판에 관한 논의가 계속 이어지는 가운데, 2015년 5월 '지역출판 진흥과 활성화를 위한 국회토론회'가 열렸고, 다음해인 2016년 9월 제주도에서 지역출판인들의 협의체인 '한국지역출판문화잡지연대'가 창립되었다.

이 연대의 창립과정을 간략히 살펴보면, 2013년 3월 대전에서 지역문화잡지네트워크 준비모임이 있었고, 같은 해 5월 순천에서 2차모임을 가진 이래, 9월 수원, 12월 부산, 2014년 3월 인천, 4월 서울, 8월 부산, 12월 대전, 2015년 1월 대전, 7월 제주, 2016년 4월 순천 등에서 지속적으로 모임을 갖고 2016년 5월 드디어 한국지역출판문화잡지연대(약칭 한지연) 발기인 대회를 대전에서 개최하게 된 것이다. 그 사이에 2013년 9월 수원 골목잡지 〈사이다〉 주관으로 경기문화재단 로비에서 진행된 '어진 물과 큰 빛가마'전 전시, 2014년 4월 서울 시청 시민청 갤러리에서 열린 '촌스럽네'전[1] 전시, 2015년 7월 지역잡지와 출판의 활성화를 위한 제주 컨퍼런스, 2015년 10월 일본 돗토리현 도서전 탐방 등의 활동이 있었다.

2016년 9월 1일 열린 '한국지역출판문화잡지연대' 창립총회에서는 주요 안건으로 한국지역도서전을 해마다 개최하기로 의결하였다. 이 창립총회에서 최낙진·김정명(2016.9.1.)은 일본 돗토리현의 지역도서전 운영 사례를 소개하고 한국지역도서전의 개최를 제안한 바 있다. 여기에서 나온 한국지역도서전 시작의 의미와 기대 효과는 다음과 같다.

그 시작의 의미는 첫째, 지역 출판사, 지역 잡지사, 지역 저자, 지역출판콘텐츠의 존재감 확인, 둘째, 지역출판인 간의 교류, 셋째, 지역출판문화의 점검 및 성찰, 넷째, 지역출판의 미래 모색, 다섯째, 출판기반 지역문화 융성 실천 방안 및 전략 마련 계기이다.

기대효과는 첫째, 지역의 독서의식 진작 및 도서관 이용 배가, 둘째, 지역도서전을 중심으로 지역 서점, 도서관, 독립서점·출판사 활성화, 셋째, 저작권 시장 형성, 넷째, 지역출판 지원 정책 마련이다.

2013년 이후 한국출판학회의 학회지에는 지역출판에 관한 비중 있는 논문들이 게재되기 시작하였다. 특히 이완수(2014),

---

1) '촌스럽네'전은 월간 〈전라도닷컴〉이 수년간 해오던 전시였는데, 2014년 4월 전국지역문화잡지연대 공동참여로 서울에서 열린 이래, 2014년 8월 부산 함께가는예술인 주관으로 부산에서, 2015년 1월 대전 월간 〈토마토〉 주관으로 대전갤러리에서 열린 바 있다.

최낙진(2015), 한주리·김동혁(2016), 김정명·최낙진(2016) 등의 연구는 주목할 필요가 있다.

이완수(2014)은 한국 지역출판산업의 지형과 방향을 생산자 관점에서 고찰한다. 결론에서 새로운 시장 환경에 맞춰 출판산업을 문화정보산업으로 육성하는 전략수정이 필요하다고 주장한다. 즉 책을 출간하는 출판업에서 벗어나 정보와 문화를 기획하고, 생산하는 문화정보산업체로 재구축하는 방안이라는 것이다. 그는 "출판사와 서점을 하나로 통합하고, 책, 신문, 인쇄, 학습, 교육, 문화행사, 이벤트 등 다양한 문화자산을 직조하고, 재편하는 문화정보교육기업으로 육성하는 인프라 구축을 제안한다."

최낙진(2015)은 지역 출판산업의 현황을 조사하고 지역출판산업의 활성화 방안을 다음과 같이 제시한다.

첫째, 아날로그에서 디지털로의 매체 패러다임 전환기를 맞아 지역출판사들이 온라인·모바일 등 전자출판 생산과 유통에 참여할 수 있는 정책 지원을 마련해야 한다. 둘째, 지역출판도서의 물류비 지원이 마련되어야 한다. 셋째, 출판사와 도서관의 상생을 위한 협력방안으로, 지역 공공도서관에서의 지역출판 도서 구입을 일정 범위 내에서 의무화할 필요가 있다. 넷째, 지역 서점의 지역도서 코너 신설 및 상설을 지원할 필요가 있다. 다섯째, 일종의 지역의 '양서출판진흥정책'의 일환이라 할 수 있는 것으로, 우수도서 기획 및 제작 지원 방안을 마련해야 한다. 특히 지역에 기반을 둔 콘텐츠나 지역 작가 발굴 및 양성과 관련된 경우는 대폭 지원해야 한다. 이 방법은 열악한 지역출판사의 현실을 감안하여 사전 응모 방식과 출간 후 우수도서 선정 등의 방식을 병행하는 것이 바람직하다고 본다. 여섯째, 지역에서 출판된 도서들을 중심으로 한 '지역도서전'을 상설 운영할 필요가 있다.

아울러 "지역출판이 활성화되기 위해서는 근본적으로 지역도서를 소비할 수 있는 독자층이 형성되어야 한다."고 전제하면서, "지역도서를 대상으로 한 지역민 책 읽기 운동 및 지역도서 독서동아리 활성화 등"을 주장한다.

한주리·김동혁(2016)은 지역서점 활성화와 지역출판과의 연계에 대하여 논의한다. 우선, 지역서점의 활성화 방안으로 다음 네 가지를 제안한다. 첫째, 지역서점이 해당 지역 커뮤니티와 연계된 프로그램을 제공하는 복합문화공간으로 거듭나야 한다. 둘째, 서점은 지역서점의 정보를 통합하여 검색하는 부분에 대한 홍보를 강화해야 한다. 셋째, 서점이 독서활성화를 이끄는 역할을 주도해야 한다. 넷째, 단발성 이벤트가 아닌 지속성을 지닌 이벤트를 확대해야 한다. 독서토론회, 저자와의 만남, 타문화 예술과 접목시킨 지역민들과의 소통 등이 주기적으로 체계적으로 진행되어야 한다.

또한 지역서점과 지역출판이 연계하여 지자체, 외부 시민단체 등과 연계하는 문화운동으로 확장할 필요가 있다고 주장한다. 이것은 앞에서 언급한 이완수(2014)의 주장 곧, 출판사와 서점의 통합 및 문화정보교육기업으로 육성하는 인프라 구축의 제안과 같은 맥락이라 할 수 있다.

김정명·최낙진(2016)은 일본 돗토리현의 지역도서전인 '북인돗토리'의 사례를 연구하여 지역도서전의 지속가능성 요인을 다음 다섯 가지로 밝혀낸다.

첫째, '북인돗토리' 방식의 특수한 시장성과를 들 수 있다. 여기에서 시장성과는 투입비용 대비 산출 효과를 가리키는데, 도서전에 들어갈 경비를 최소함으로써 지속적인 행사를 가능하게 해주었다.

둘째, '북인돗토리'는 단순하게 일본 지역의 출판물 전시에 그치는 것이 아니라, 돗토리현민의 독서의식 진작 및 도서관 이용의 활성화에 기여함으로써, 도서전을 지속가능한 사업으로 만들었다.

셋째, 시민사회의 자발적 자원 동원이 지속가능요인의 핵심이었다. '북인돗토리'는 일본 중앙정부나 돗토리현의 재정 지원을 한 푼도 받지 않고, 독지가와 시민들의 소액후원 및 자원 봉사로 행사를 진행해 왔다.

넷째, 도서전을 개최함에 있어 돗토리현민이 갖고 있는 공정성 의식이 '북인돗토리'의 신뢰를 유지하게 하였다.

다섯째, '북인돗토리'는 일본 지역출판인들의 위기의식을 반영하고 그 극복을 위한 전일본 사회의 사회적 합의를 얻고 있었다. 도쿄 중심의 중앙집중적 출판산업과 문화는 지역 출판산업 및 문화를 고사시킬 수 있다는 인식을 지역출판인들이 갖게 되었다. 나아가, 지역이 지식과 문화의 발신지가 될 수 있다는 것을 지역출판활동의 활성화를 통해서 달성하고자 하였다. 이러한 지역출판에 관한 공유가치가 일본 여타 지역의 출판사와 저자들에게 큰 공감대를 형성하게 된 것이다. 이를 기반으로 '북인돗토리'는 돗토리라는 지역을 넘어 전국성을 확보할 수 있었다.

아울러, 이러한 '북인돗토리'의 발상과 실천은 한국의 '지역도서전'에서도 참고해야 한다고 제안하고 있다.

지역출판에 관한 관심은 이러한 학술적인 연구와 발표 외에도 당사자인 지역출판인들의 사회적 발언으로 나타나게 되었다. 우선, 부산지역의 출판사 '산지니'의 근무자 8인이 쓴 10년 간의 활동 기록을 단행본으로 엮은 《지역에서 행복하게 출판하기》(강수걸 외)를 들 수 있다. 소중한 자료집이라 할 수 있다.

이와 함께 일찍부터 언론매체를 통하여 지역출판의 중요성을 강조해온 백원근의 주장도 경청할 필요가 있다. 백원근(2009.7.)은 "정부·지방자치단체의 독서진흥정책은 종국적으로 국민을 위한 풍요로운 독서환경의 조성에 있으며, 지역문화 발전 및 독서지료 제공의 토대인 지역출판에 지방자치단체와 지역공동체의 폭넓은 관심이 요청된다."고 전제하며, 정부 및 지방자치단체 차원에서 우선적으로 추진해야 할 정책 과제를 다음과 같이 제시한다.

첫째, 지역문화 창달, 지역발(發) 문화콘텐츠의 생산기지 역할을 충실히 수행하는 지역 출판사들을 지원하는 지방자치단체 차원의 다양한 지원제도가 필요하다. 둘째, 정부는 '대한민국 지역출판문화대상' 등을 제정·운영하여 지역에서 발행한 우수 도서를 표창·홍보하고 출판활동을 격려함으로써 지역출판의 의의를 공식적으로 인정할 필요가 있다. 셋째, 지방자치단체가 주관하는 지역에서의 도서전 개최를 출판·서점·도서관·교육단체 등과 연계하여 추진할 필요가 있다. 넷째, 독서 생활화의 직접적 계기를 만들어주는 학교·직장·도서관·지역에서의 정례적인 '독서모임' 활성화에 지방자치단체 및 지역사회의 보다 적극적인 관심이 요청되며(지역별·대상별 모임 정보 안내, 장소 제공 등), 저자와의 대화를 비롯한 각종 행사를 개최하는 서점·도서관·시민단체의 자율적인 독서 이벤트 프로그램을 지방자치단체가 예산 범위 내에서 공모제로 지원하는 문화 지원책도 대폭 확충하는 것이 바람직하다.

또한 백원근(2016.3.)은 최근 부산, 광주, 통영, 진주, 홍성 등에서 자신만의 색깔을 갖고 활발하게 출판활동을 벌이고 있는 지역 출판사들을 소개한 다음, 지역공동체가 함께 만들고 향유하는 지역출판의 미래를 전망한다. "지자체가 지역 콘텐츠 제작을 지원하고, 지역의 서점과 도서관이 지역 출판물 코너를 만들어 지역 특산품으로 발전시키는 노력이 바탕이 되어야 하겠다. 모든 역사가 그러하듯이 지역출판물로 발행한 기록만이 지역의 오늘을 증언할 것이다."

이와 같은 관심과 적극적인 사회적 발언 속에서 지역출판은 이제 전국적인 관심사로 떠오르며 지역도서전을 통하여 구체적이고 지속적인 발전을 전망할 수 있게 되었다.

지역출판의 의의

　지역사회의 문제는 이제 지역 문제를 넘어 현대문명의 새로운 질서 구축과 국가경쟁력 강화라는 입장에서 중요한 이슈가 되었다. 이러한 거대 담론과 함께 강조되어야 할 것은 미시적 관점에서 지역사회 시민의 삶의 질을 향상시키는 방법을 찾는 일이다. 말하자면 지역사회 시민들 일상의 구석구석에 도사리고 있는 디테일 속에서 삶의 질을 높이는 일이다. 이것이 문화의 진정한 의미일 것이다. 여기에서 지역문화의 중요성이 제기되지 않을 수 없다.
　지역출판의 의의 역시 지역문화를 살리는 데에서 찾아야 할 것이다. 오늘날 지역문화가 크게 발전하지 못하고 있는 중요한 이유 중의 하나도 지역출판이 위축되어 있기 때문일 것이다. 우선, 지역출판을 살려내어 지역문화 발전의 원동력이 되게 하고, 이를 통하여 지역 주민들의 삶의 질을 높여 가도록 해야 할 것이다(부길만, 2015.5.11.).

지역출판을 지역 콘텐츠를 담는 그릇으로 파악하는 백원근(2016.3.)은 이렇게 주장한다. "지역출판은 지역에서 하는 출판 활동이라는 공간적 특성만으로 그 의미가 온전하게 설명되지 않는다. 지역 커뮤니티 기반의 출판, 즉 '지역 자원의 네트워킹'이 전제되어야 지속성과 의미를 높일 수 있다. 지역문화 콘텐츠, 지역민의 관심사(또는 해당 지역에 대한 외부인의 관심사), 지역의 저자, 지역의 독자 등이 연계되도록 출판사의 기획력과 지역 기반 추진력이 요구된다."

지역출판의 활성화를 통하여 지역문화의 발전을 견인해야 하는데, 이것은 다시 지방 정부의 문화 마인드를 높이고 지역의 독서 교육과 독서 운동을 진작시키는 데에로 나아가야 한다. 지방 정부에서 독서 진흥을 해야 한다는 법 규정은 있지만, 적극적으로 시행하는 지자체는 몇 곳 되지 않는다. 중앙정부와 지방자치단체가 지역 공공도서관을 살리기 위하여 재정적 정책적 지원을 했듯이, 지역 출판과 독서 진흥을 위하여 힘을 쏟아야 한다.

또한 지역출판의 발전은 한국 출판의 발전과도 직접적인 관계를 갖지 않을 수 없다. 단적으로 한국 출판은 성장 지표의 하나로 평가되는 신간 발행종수(만화 포함)가 2005년 4만 종대에

제주한국지역도서전에서 귤상자로 제주하르방을 표현했다
출처 출판저널

들어선 이래 10년 이상 제자리 걸음이다. 이것은 무서운 기세로 발전하는 중국의 출판 성장과는 물론이고 어려운 상황에 처했다고 하는 일본 출판의 성장 추세와 비교해도 크게 뒤쳐지는 것으로 한국 출판의 심각한 침체를 보여주는 현상이다. 이러한 침체에는 여러 요인이 있겠지만, 수도권에 국한되어 있는 우리 출판의 한계로 인하여 발전이 가로막혀 있는 형국이라 하지 않을 수 없다. 이것은 대기업 중심의 한국 산업구조로 인하여 국민소득 2만 달러대를 넘어서지 못하고 있는 형국과도 맞물리는 현상이라 할 수 있다. 중소기업이 살아나야 우리 경제가 앞으로 크게 발전할 수 있듯이, 지역의 크고 작은 출판사들이 활성화되어야 우리 출판이 크게 성장할 수 있을 것이다.

지역출판이 발전해야 하는 또 하나의 중요한 이유를 국제화 시대에 세계화를 이루어야 하는 데에서 찾고자 한다(부길만, 2015.5.11.). "지금과 같이 전 세계의 인적·물적 자원이 끊임없이 교류하는 시대에 우리는 가장 한국적인 것이 가장 세계적인 것이라는 사실을 알고 있다. 그런데 한국적인 것, 곧 세계적인 것은 중앙이 아니라 지역 곳곳에 존재한다. 그래서 선진국은 예외 없이 지방자치와 지역 문화를 발전시키고 있는 것이다. 그러나 한국은 그동안 정치, 경제는 물론 문화까지도 중앙으로만 향해 왔다. 우리가 지방으로 눈을 돌릴 때 우리 문화와 역사의 고유성과 보편성은 더욱 확대될 것이고 이에 따라 해야 할 과제도 많아질 것이다. 아울러 세계화의 가능성은 훨씬 더 커질 것이다."

지역도서전의 의의

도서전이란 다수의 출판사가 각자 출판물을 준비하여 함께 모여 전시하고 저작권, 출판권 등의 매매가 이루어지는 전시회로 알려져 있다. 말하자면 도서전은 특정의 출판산업 종사자들이 특정의 구매자 집단(일반인 및 출판업 종사자 등)에 접근하는 장소이며, 비즈니스나 전문 분야의 관심을 함께하는 사람들의 모임인데, 다음과 같은 특성을 갖고 있다(정재원, 2005, p.17).

첫째, 일시에 많은 고객과의 집중적인 접촉, 상담, 거래가 가능하다. 둘째, 그와 같은 접촉을 통해 고객들에게 기업을 소개하고, 저작권의 구매나 수출을 촉진할 수 있다. 셋째, 국내외 출판계 동향, 경쟁업체의 내용 등을 파악할 수 있는 좋은 기회를 제공한다. 넷째, 고객의 요구를 파악, 이를 기업의 전략에 활용할 수 있다.

결국 도서전은 도서 또는 책 속의 주제를 중심으로 출판인과 출판인, 출판인과 독자, 독자와 저자가 마음껏 만날 수 있는 자리이다. 지역도서전 역시 지역과 도서를 중심으로 문화적 만남을 이루는 곳이다. 우선 지역 출판인은 같은 지역 또는 다른 지역의 출판인들과 만나 상호간의 정보교류를 하며 새로운 활력을 얻게 된다. 아울러 지역의 핵심 콘텐츠 관련 인물들 곧, 콘텐츠를 창조하거나 전파하는 사람, 적극적으로 향유하는 사람들과 깊은 교감을 하게 된다. 도서와 지역 콘텐츠를 매개로 하고 있기 때문에, 그 만남과 교류는 건설적이고 체계적이며 지속적이 될 것이다. 이것은 물론 문화 축제의 광장이기도 한다.

이 도서전은 또한 독서운동의 차원에서도 중요시되고 있다. 해마다 국제행사로 전개되는 서울국제도서전 외에도 출판 관련 단체나 도서관 및 독서운동단체에서 주관하는 크고 작은 다양한 성격의 도서전이 전국 곳곳에서 열리고 있다. 저자가 관여했던 서울양서협동조합 주최 '어린이도서전시회'도 독서운동의 일환으로 개최되어 시민들의 큰 호응을 얻은 바 있다. 1980년대 초반 한국에는 창작동화가 없다는 비판이 쏟아질 때 출판사들의 협조를 얻어 200여 종의 창작동화를 갖춘 전시회를 '어린이도서전시회'라는 이름으로 열었다. 이 전시회는 대안을 제시하는 독서운동으로 인정받을 수 있었고 이후 창작동화 출판에도

2018년 수원한국지역도서전에서 영부인 김정숙 여사님과 지역 출판인들
출처 수원한국지역도서전

활력소 역할을 할 수 있었다.

마찬가지로 현재 지역출판이 널리 주목받지 못하고 있지만, 지역도서전을 계기로 사회적 관심의 대상이 될 뿐만 아니라 크게 발전할 수 있을 것으로 전망한다. 부언한다면, 이 지역도서전은 지역출판이 공간적으로 중심부에 위치하지 않았다고 하여 생기는 편견들을 깨는 자리로서 의미가 있다고 생각한다. 나아가 지역도서전을 통하여 지역의 독서문화가 진흥될 뿐만 아니라, 수도권에 갇혀 10년 이상 침체를 벗어나지 못하고 있는 한국 출판산업이 확장되는 모멘텀이 될 수 있을 것으로 기대한다.

최근 많은 도서전은 자국의 출판인과 외국의 출판인들이 함께 참여하는 국제도서전으로 진행되고 있다. "국제도서전은 세계 각국이 이룩한 출판산업과 문화 활동의 성과를 전시하고 상호이해와 교류증진을 위해 대내적으로는 국민독서 운동 분위기를 조성하고 출판산업의 발전을 도모하며, 대외적으로는 인류 상호간의 이해를 증진하는 역할을 하고 있다.…국제도서전은 세계 각국의 출판인과 서적상인 등 출판 관련 종사자들과 독자들이 모여 출판 정보를 서로 교환하고, 친선을 도모하며, 도서를 통하여 국가 간의 이해를 깊게 하는 역할을 담당하며, 이를 기초로 도서라는 상품의 해외시장 개척과 판로확보, 판권매매, 도서의 예약인쇄, 제작의 주문 발주 같은 상품 교역의 상업적인 역할과 문화 교류의 장이라는 문화적인 역할을 동시에 하고 있다."(정재원, 2005, p.18).

이번에 진행하는 지역도서전 역시 우선은 국내 출판인들의 교류가 중심이겠지만, 국제도서전을 지향해야 할 것으로 생각한다. 왜냐하면, 앞에서 언급했듯이 지역출판 자체 내에 세계로 확산할 수 있는 수많은 콘텐츠들을 보유하고 있기 때문이다.

국제화시대에 지역은 세계를 보는 창문이요, 세계를 불러들이는 문이다. 지역을 통해서 세계를 볼 때, 세계의 진면목이 드러난다. 지역의 다양성을 통해서 세계의 다양성과 쉽게 만날 수 있게 된다. 세계의 자랑도 세계의 고민도 사실상 지역의 콘텐츠를 통해서 더욱 선명해질 것이다. 지역도서전은 지역출판을 통해서 나오는 이러한 지역의 핵심 콘텐츠들을 드러내는 자리라 할 수 있다.

이번 지역도서전은 전국 곳곳에서 출판문화와 지역 콘텐츠를 살리기 위하여 노력하는 지역출판인, 출판과 지역을 사랑하는 시민들의 아름다운 정성과 작은 힘들이 합쳐서 이루어낸 성과라는 점에서 의미가 크다. 지역사회 문화운동의 전범을 보여 주었다고 할 수 있다.

지역도서전의 나아갈 방향

　지역도서전이 나아갈 방향에 대하여 세 가지로 정리하고자 한다.
　첫째, 지역도서전은 지역사회 및 지역문화의 핵심과 소통하는 자리가 되어야 한다.
　지역사회와 지역문화의 핵심은 바로 지역출판에서 요구하는 가장 중요한 콘텐츠이다. 지역출판은 지역사회의 정치, 행정, 경제, 교육 등의 모든 분야에서 문화가 지역사회의 핵심 정책이 되도록 이끌어야 한다. 그리하여 지역문화운동의 명실상부한 중심축 역할을 담당해야 한다. 이 일을 위하여 지역 언론과 긴밀히 협력해야 할 필요가 있을 것이다.

둘째, 지역도서전은 지역의 핵심 콘텐츠를 바탕으로 세계화의 선두가 되어야 한다.

앞에서 언급했듯이, 지역은 세계를 향한 열린 창이요, 세계를 불러들이는 문이므로, 지역도서전 역시 세계의 다른 도시, 다른 지역 공동체의 문화 핵심과 연계하여 이루어져야 한다. 만일, 도서전에서 제주의 올레길을 중심 콘텐츠로 삼았을 경우, 다른 지역의 유사한 사례, 예를 들면 스페인의 산티아고, 일본의 규슈 올레 등과 연계하여 그 도시와 공동으로 지역도서전이나 문화 행사를 벌일 수 있을 것이다. 이 경우, 걷기에 관한 세계적인 실천가나 이론가를 제주 지역에 초빙하여 지역 주민들과 소통할 수 있는 자리도 마련할 수 있을 것이다. 만일, 수원의 화성이 핵심 콘텐츠가 된다면, 세계의 성곽문화와 연계, 성곽 문화가 가장 발전한 역사적 전통 도시와 공동으로 행사를 진행할 수 있을 것이다. 이러한 행사들은 지역 주민들의 자부심과 문화의식을 높여주는 데 기여하게 될 것이다. 아울러, 지역의 독서문화를 진흥시킬 수 있는 다양한 방안들을 찾아낼 수 있을 것이다.

셋째, 지역도서전은 시대정신을 담아 표현하는 자리가 되어야 한다.

서문에서 밝혔듯이, 현대는 세계사적으로 문명의 전환기라고 한다. 오늘날 한국도 촛불혁명 이후 구시대의 악습과 어두운 관

2018년 수원한국지역도서전 박터널에서 열린 전시
출처 수원한국지역도서전

행을 벗어던지고 새로운 민주사회를 열어갈 역사의 전환기에 처해 있다. 이럴 때, 지역도서전은 시대정신을 함께 공유하는 자리가 되어야 할 것이다. 시대정신은 거대 담론의 결과물일 수도 있지만, 그보다는 지역사회 현장의 세밀한 목소리에서 나온다는 사실을 강조하고 싶다. 여러 갈래로 흩어져 있는 각 지역의 희망과 고민들이 하나로 모이며 응축되어 나타나는 것이 시대정신일 것이라고 생각한다. 이런 시대정신을 담아내는 데 가장 적절한 매체가 바로 지역출판 지역문화잡지일 것이다. 이러한 사실을 인식하고 지역도서전을 기획, 진행, 운영하고 널리 퍼져나가게 해야 할 것이다.

* * *

이제까지 지역출판에 대한 연구 성과를 검토하고 지역출판과 지역도서전의 의의를 살펴보았다. 지역출판에 관한 논의는 출판계에서 일찍부터 있었지만, 학문적 차원에서 적극적으로 이루어지기 시작한 것은 2013년 지역출판연구회가 한국출판학회 연구 분과로 발족한 때부터라 할 수 있다. 그후 지역출판문화잡지연대가 창립되면서 지역출판 문제는 학술적 연구와 함께 지역출판의 실질적인 발전 방안을 실천하는 단계로 발전하게 되었다.

이 글에서는 지역출판이 발전해야 하는 이유로 다음 세 가지를 들었다.

첫째, 지역문화를 살려야 하기 때문이다. 출판은 문화의 창조·전파·보존에 가장 유리한 매체이다. 지역의 출판을 살려내야 지역의 문화를 발전시킬 수 있다.

둘째, 수도권에 국한된 상태에서 발전이 가로막혀 있는 한국 출판산업을 지역출판의 활성화를 통하여 확장시켜야 하기 때문이다.

셋째, 지역출판을 통하여 세계화를 이루어야 하기 때문이다. 출판을 통하여 각 지역에서 개성 있는 콘텐츠들을 발굴하고 드러낼 때라야 세계적 보편성을 획득할 수 있을 것이다.

최근 출판학계와 지역출판인들은 지역출판의 활성화를 위한 중요한 사업으로 지역도서전을 꼽았고 실현을 위한 준비에 만전을 기해왔다. 이러한 지역도서전의 의의는 다음과 같다.

첫째, 지역도서전은 출판인과 출판인, 출판인과 독자들이 지역과 도서, 책 속의 주제를 중심으로 만나는 문화 축제의 광장이다. 전국의 각 지역 출판사에서 참여하여 다양한 책들이 등장하고 있기 때문에, 여기에서 논의되는 주제들 또한 다채로와질 것이다.

둘째, 지역도서전은 독서운동으로서 중요성을 지닌다. 도서전에서 출판산업 발전과 독서진흥을 위한 자신감이 넘쳐나게 해야 할 것이다.

셋째, 지역의 핵심 콘텐츠들을 드러나게 하는 자리이다. 지역의 다양한 콘텐츠들은 국내의 다른 지역은 물론이고 외국의 다양한 콘텐츠와도 교류하게 해줄 것이다.

넷째, 지역도서전은 지역출판인과 지역사회 시민들의 아름다운 정성과 작은 힘들이 합쳐서 이루어진 것이다. 지역사회 문화 운동의 전범이라고 할 수 있다.

이러한 지역도서전에 대한 논의를 토대로 지역도서전의 나아갈 방향을 다음과 같이 제시한다.

첫째, 지역도서전은 지역사회 및 지역문화의 핵심과 소통하는 자리가 되어야 한다. 다시 말하면, 지역도서전은 도서를 매개로 지역의 핵심 이슈들을 담아내고 소통하는 광장이 되어야 한다.

둘째, 지역도서전은 지역의 핵심 콘텐츠를 바탕으로 세계로 나아가야 한다. 지역출판인과 출판학자가 함께 일본 돗토리현의 지역도서전을 탐방하고, 그 도서전의 성공 사례에 대하여 구체적으로 조사·연구한 것은 매우 의미 있는 작업이었다고 생각한다.

셋째, 지역도서전은 시대정신을 담고 표현하는 자리가 되어야 한다. 이 시대정신은 거대 담론에서 얻어낼 수도 있겠지만, 그보다는 각 지역의 희망과 고민들이 하나로 모이며 응축되는 지역사회의 현장에서 찾아야 할 것이다.

제3부

—

지방분권시대 리더의 역할과 독서운동

지방분권시대 책문화 살리기

　최근 새로운 정부의 등장과 함께 민주주의가 한층 성장하고 있음을 실감하게 된다. 동시에 지방분권시대에 대한 논의가 활발해지고 있다. 새 정부에서도 이미 지방분권을 위한 개헌을 하겠다고 약속한 바 있다. 매우 고무적인 일이 아닐 수 없다.
　그러나 실속 있는 지방분권시대를 이루기 위해서는 제도의 정비와 함께 지역문화를 발전시켜야 할 것이다. 이 글에서는 지역문화의 중심축이 되는 지역의 책문화 살리기와 관련된 최근 경험을 소개하고자 한다.

지역의 역사를 창조하는 시오지리 시립도서관

저자는 국제학술 세미나 참석차 일본의 나가노현을 방문했는데, 각 지역마다 공공도서관에서 활발한 독서 프로그램을 진행하는 것을 볼 수 있었다. 나가노현에서 인구가 6만 6천여 명에 불과한 소도시 시오지리의 시립도서관을 방문하고 그 활동상에 놀라지 않을 수 없었다.

도서관 책임자가 보여준 자료에 의하면, 도서관(본관)의 연면적(지하 서고, 1·2층 개가식 서가)은 약 1천 평, 직원 수는 정규직 7명을 포함하여 37명, 장서 수는 2016년 말 기준으로 46만 7,703권, 개가 책수는 약 21만 권, 1년간 도서구입비 3천만 엔(한화 3억 원), 도서관 등록자 수는 3만 8,514명, 작년 한 해 대출 책수는 68만 2,428권으로 나와 있다.

이 도서관의 장서 수도 대단하지만, 도서 대출 통계는 우리를 놀라게 한다. 연간 대출 책수는 도서관 등록자 1인당 18권이고 시민 1인당으로 계산해도 10권을 상회한다. 이것은 2016년 한국 대학도서관을 이용하는 재학생들의 평균 대출 책수 5.5권을 훨씬 뛰어넘는 수치이다(《연합뉴스》, 2017년 3월 8일 보도).

예전에 한국 명문대학의 도서관 대출 서적 종류를 조사한 결과, 무협지가 가장 많았다는 보도가 나온 적도 있다. 시오지리도서관에서는 베스트셀러라 해도 2권 이상 구입하지 않고, 모든

시오지리시립도서관
출처 시오지리시립 도서관 홈페이지(https://www.library-shiojiri.jp)

서적을 한 권씩만 비치함으로써 필요한 자료를 최대한 확보한다는 방침을 세워서 실천하고 있다. 베스트셀러나 만화책 종류는 도서관에서 빌리려 하지 말고, 서점에서 직접 사서 읽도록 유도하는 정책으로 지역 서점을 지원하고 있다고 한다. 지역도서관과 지역서점의 상생전략이라고 하겠다.

시오지리 시립도서관의 이용이 활발한 것은 무엇보다 도서관의 다양한 서비스가 밑받침이 되고 있다. 다문화 서비스, 시니어 활동 지원, 청소년 교류, 육아 응원, 의료건강 정보 제공, 도서관 이용 장애인 서비스 등 다양하다. 그 외에도 비즈니스 정보 상담회, 어린이에게 책을 선물하기, 부모와 아이의 소통을 돕는 학부모회 가정문고 활동 등을 전개하고 있다.

또한 수시로 테마북을 정하여 기획 전시를 하는데, 최근의 이슈나 그때그때의 관심사에 대하여 책을 통하여 논의하게 하고 있다. 우리 일행이 방문한 날에도 도서관의 빈 공간에 산(山)을 주제로 한 서적들을 전시하고 있었는데, 그 옆에 산의 모형을 만들어 놓고 지도를 바닥에 비추어주고 있었다. 모두 도서관 이용자들이 만든 것이라고 한다.

이 도서관에서는 특히, 〈책의 서당〉이라는 프로그램 서비스가 가장 큰 효과를 보고 있다. 2016년 한 해 동안 14명의 강사를 초빙하여 진행했는데, 연인원 743명이 참여했다. 도서관에서 매년 배포하는 안내 책자에는 〈책의 서당〉 취지가 나와 있다. "강연회나 독서 강좌 등의 다양한 사업을 통하여, 책의 가능성을 생각하는 기회를 널리 제공한다. 활자 이탈이라는 작금의 상황에 대응하여 저자, 출판사, 서점, 도서관 등의 연대를 통하여 책의 매력을 전파한다. 출판문화의 미래에 기여하기 위하여 도서관을 〈책의 서당〉으로 만든다. 독자를 포함하여 이곳에 모인 모든 사람들간에 지혜의 교류를 촉진함으로써 지방발(地方發) 문화의 창조를 알리고 확산하는 일을 하고자 한다."

〈책의 서당〉을 소개하는 단행본도 나왔는데, 그 제목이 흥미롭다. "〈책의 서당〉이 지방을 창조한다." 우리 지역에서도 책의 문화가 우리 지역의 역사를 창조하는 운동으로 발전하기를 기대해 본다.

일본의 독서 경연대회
'비블리오 배틀'

　시오지리도서관 방문을 마치고 호텔에 들어와 로비에 놓여 있는 신문을 펼치니, 한 면을 가득 채운 독서권장 프로그램 기사가 눈에 들어온다.[讀賣新聞, 2017년 6월 25일자]. 〈제4회 고교생 '비블리오 배틀' 개막 직전 좌담회〉 기사인데, 작년과 재작년 고교생 결승대회에서 우승과 준우승을 차지한 학생들의 경험담과 후배들에게 주는 조언이 실려 있다.
　'비블리오 배틀'(Biblio Battle)은 독서를 권장하는 독특한 대회인데, 진행 방식은 다음과 같다. ①각 참가자는 자신이 정한 한 권의 책을 들고 나와, 순서에 따라 청중 앞에서 5분 동안 책의 매력을 발표한다. ②발표 후 2~3분 동안 청중들의 질문에 답변한다. ③참가자들의 발표가 모두 끝나면, 청중들은 다수결로 제일 읽고 싶어진 책 한 권을 선택한다.

참가자는 학교별로 1명씩 배당하는데, 교내에서 예선을 치르거나 학교장의 추천을 받아 신청한다. 청중 참여자들은 심사위원이 되는 셈인데, 주소, 성명, 직업, 연락처 등을 적어서 신청하면 된다.

이 대회는 일본의 각 도(都)나 현 등의 지역 단위로 치러지는데, 활자문화추진회의가 주최하고 요미우리신문사(讀賣新聞社)가 주관하고 있다. 각 지역 대회의 우승자들끼리 맞붙는 고교생 결승대회는 2018년 1월 28일 와세다대학에서 시행한다는 일정표가 같은 신문에 나와 있다. 중학생, 대학생 분야도 별도로 진행되고 있다.

책을 소재로 벌이는 이와 같은 경연은 독후감 모집과 같은 행사에 비해서 매우 역동적이고, 독서에 관심이 적었던 학생이나 일반인들에게도 쉽게 어필할 수 있겠다는 생각이 들었다. 우리 지역에서도 신문사 주최로 우선, 고교생들을 중심으로 한국 상황에 적합하고 지역 특성에 맞는 책의 경연 대회를 개최할 것을 제안한다. 우리의 경우 교과서에 나오는 내용 또는 교과서에서 소개한 저서를 중심으로 발표할 책을 선정하게 하고, 발표 시간을 10분 내외로 늘리며 발표 원고를 토대로 논술 대회를 겸하게 하는 방안이 있을 것이다. 지역사회에서 이에 대한 활발한 논의가 일어나기를 기대한다.

일본 돗토리현의 책문화 살리기

도서관과 지역출판은 독서와 민주주의의 보루

일본 돗토리현의 독서진흥 활동에 관하여 소개할까 한다. 일본 혼슈(本州)의 남서부에 위치해 있는 돗토리현에서는 도쿄 지역을 제외한 전국 각지의 출판사에서 발행한 출판물을 대상으로 지역도서전를 개최하며 지역출판문화공로상 시상제도도 운영하고 있다. 이러한 활동은 오로지 민간 자본과 시민 참여로 이루어지는데, 1987년 이래 현재까지 한 해도 거르지 않고 실시해 왔다.

마침 한국에서도 수년 전부터 지역의 출판인들과 지역문화잡지 관계자들이 책문화 발전을 위하여 모임을 결성하고 활동 중인데, 2017년 5월 제주시에서 전국지역도서전을 열기도 했다. 이 행사에 일본의 돗토리현 지역도서전의 실행위원장 고다니 히로시 씨가 참석하여 메시지를 전한 바 있다.

"30년 전 돗토리현의 시민들은 지역의 역사와 문화, 생활의 다양성을 더욱 소중하게 지키지 않으면 지역은 소멸될지 모른다는 위기감을 느꼈다. 그리고 도쿄 중심의 폐해를 시정하고 지역자치와 민주주의를 단련하기 위해서 '생각하는 시민'을 육성하는 지역 만들기, 독서와 민주주의의 보루라고 할 수 있는 도서관과 지역출판의 진흥, 그 네트워크의 확대를 이루어야 한다고 예감했다."

이후 돗토리현은 학교, 서점, 도서관, 출판계 등이 힘을 합쳐 도서전을 추진함으로써 지역사회를 살리는 축제로 발전시켰다고 한다.

2017년 10월, 30주년을 맞은 돗토리현 지역도서전에 한국의 지역 출판인 및 관계자 16명이 참가했다. 저자도 그 방문단의 일원이 되어 돗토리현의 서점, 출판사, 도서관, 학교 등을 답사할 수 있었다.

책문화 살리기에 앞장서는 이마이서점(今井書店)

제일 먼저 찾아간 곳은 돗토리현에서 제일 큰 이마이서점(今井書店)이다. 1872년 개설된 이 서점은 현재 출판 및 인쇄사업을 함께 하고 있는데, 1995년부터 시행하고 있는 교육 프로그램 '책의 학교'가 인상적이다. 처음 시작은 독일의 '서점인 학교'를 일본에 이식하려고 한 것인데, 서점인은 물론 출판문화계 전체를 위한 교육과 홍보 활동을 하는 비영리법인으로 발전했다. 여기에서 벌이는 사업은 크게 다음 네 가지이다. ①'생애독서활동' 확충사업, ②'출판의 미래상' 창조사업, ③'출판계 인재' 육성사업, ④'배움의 장' 확충사업.

'책의 학교' 회보를 보니, 다양한 공개강좌와 세미나가 진행되고, 그 내용들이 단행본으로 나와 있다. 주제는 '책문화를 살리자'는 데로 모아진다. 구체적으로 '서점과 출판환경의 미래상', '책과의 만남 기회를 만들고 넓히기', '서점의 미래 창조', '출판 디지털화의 본질' 등이다.

이마이서점에서는 QR코드와 동영상을 연계한 종이책, 다이센(大山) 등 돗토리현의 아름다운 정경을 드론으로 촬영한 동영상 등을 제작하며 출판 디지털화에 앞장서고 있다. 또한 지역의 출판이라 일본의 대형도매기구와는 거래하지 않고, 도쿄 신주쿠에 있는 '지역소출판유통센터'를 통해 책을 팔고 해외로는 아마

이마이서점
출처 이마이서점 공식 홈페이지 (https://www.imaibooks.co.jp)
출처 이마이서점 공식 페이스북 (https://www.facebook.com/pg/imaibooks)

존과 직거래하고 있다고 한다.

　서점을 나와 소도시 요나고에 있는 초등학교를 방문했는데, 우선 학교도서관의 규모에 놀랐다. 전체 학생수가 192명에 불과한 작은 학교인데, 도서관이 워낙 넓어 마치 대학 도서관에 들어선 것 같았다. 도서관을 이처럼 크게 조성한 이유를 물으니, 특별한 이유는 없고 요나고 시에 있는 기업들이 후원해준 덕분이라고 담담히 대답한다. 장서 수는 1만 1,508권인데, 지난 6개월간 아동들의 대출 권수는 1만 3,699권이라고 한다. 이런 성과는 학교에서 '아침 독서'를 제도적으로 실시하고 있기 때문인 것 같았다.

지역사회에 활기를 불어넣은 히에즈촌 마을도서관

　다시 자리를 옮겨 방문한 곳은 히에즈촌(日吉津村)의 마을 도서관이다. 히에즈촌은 인구가 3,543명에 불과한 조그만 시골 마을인데, 마을 도서관의 회원 등록자 수가 1,959명이나 된다.

　이 도서관에서는 '도서관 선정 100권의 책 읽기 운동' 같은 캠페인을 지속적으로 벌이고 있다. 이런 캠페인 덕분인지 인근 마을에서도 많은 주민들이 회원으로 등록하여 도서관을 즐겨 찾고 있는 중이다. 도서관 이용자의 분포를 보면, 30대 후반과 40

히에즈촌 도서관
출처 헤이즈촌마을 도서관 홈페이지(http://www.hiezutoshokan.jp/)

대 등 자녀교육 세대가 제일 많고 그 다음은 60대 이상의 시니어 세대가 차지하고 있다고 알려준다.

　이 마을은 최근 젊은 부부들의 귀향 덕분에 인구가 늘어나고 있는데, 농촌의 빈 집을 개조해서 새로 이사 온 사람들이 살게 하고, 학교 건물도 사회교육 시설로 활용하고 있다. 히에즈촌의 경우를 보면, 자녀 교육을 위해서 대도시가 아니라 시골 마을로 향하고 있으니 한국 실정에서도 벤치마킹할 한만 사례라 하겠다.

　도서관 이용자들이 학령기가 지난 마을 주민이라는 점이 부러웠고 바람직한 현상이라는 생각이 들었다. 한국도 히에즈촌의 사례처럼 작은 마을마다 도서관과 문화센터 활동이 활발해졌으면 한다.

돗토리현립도서관

　히에즈촌 마을도서관을 나와 일본 최고의 도서관으로 자부하는 돗토리현립도서관을 방문했다. 도서관 직원 46명에 110만 권의 도서를 구비하고 있는 이 도서관은 연간 도서구입비를 자랑으로 내세운다. 연간 약 1억 엔(우리 돈 10억 원)인데, 외부 지원 없이 전적으로 현 자체의 예산으로 충당하고 있다.

　그런데 돗토리현은 인구 60만에 불과하여, 일본의 47개 도도

돗토리현립도서관
출처 돗토리현립도서관 홈페이지(http://www.library.pref.tottori.jp/post-3.html)

부현 중에서 인구 수가 가장 적은 현에 해당된다. 그럼에도 도서구입비 순위는 일본에서 전국 4위이다. 주민 1인당 구입비로 대입하면 175엔으로 단연 전국 1위이며, 일본 전국 평균 20엔과는 비교도 되지 않는다. 돗토리현립도서관은 이러한 예산을 바탕으로 지역사회와 시민들에게 봉사하는 도서관운영으로 2006년 제1회 '올해의 도서관'상을 받았다. 그 전통은 계속 이어져 2016년에도 일본 도서관인들이 선정하는 '라이브러리언십'(Librarianship)상을 수상했다.

이러한 도서관의 기틀을 마련한 사람은 2002년 도서관장으로 부임한 사이토 아키히토 씨이다. 그는 일반행정직으로 근무하다가 관장이 된 분인데, 도서관을 개혁하고자 두 달 동안 연수를 받고 공부해서 사서자격증을 취득했다. 관장 퇴임 후에도 돗토리현의 독서문화 진흥에 기여해왔고 현재 지역출판문화공로상 심사위원장을 맡아 활동하고 있다. 한국에서도 일반 행정직 공무원이나 정치인들이 주요 국공립 도서관 관장직을 맡고 있는데, 그들에게 사이토 씨를 본받으라고 권하고 싶다.

사이토 씨는 우리 방문단을 위하여 도서관 곳곳을 안내하며, 도서관 개혁의 원칙을 이렇게 제시한다. "도서관은 시민들에게 즐거움을 주는 곳, 취미생활을 할 수 있는 곳, 생활에 필요한 정보를 제공하는 곳이 되어야 한다."

이 도서관은 시민들의 편의를 위하여 타기관이나 단체의 정보도 대신 전해주고 있다. 또한 도서관 네트워크를 돗토리현 안의 모든 학교와 맺고 있어 도서관 내의 모든 자료와 정보를 공유하고 있다. 도서관 안에서 연수센터도 운영하는데, 강좌를 열어 지역사회 리더나 공무원이 되는 사람들에게 도서관 이용법을 알려주고 있다. 이런 강좌는 한국에서도 절실하다고 생각된다.

전문사서의 상담과 지역주민의 삶의 질 향상

돗토리현립 도서관에서는 사서들에게 각자 전문 분야를 갖도록 하고 있다. 말하자면, '전문사서'인데, 이들은 아동, 청소년, 성인 등의 구분이 아니라, 비즈니스, 건강, 의료, 발명, 법률 등, 보다 세분화된 전문 지식을 쌓고 도서관 이용자들에게 상담해주며, 시민들의 삶의 질을 높이는 데 기여하고 있다. 구체적으로 취업이나 창업 상담은 물론, 생활에 필요한 기술 개발이나 제품 발명을 하려는 사람들에게까지 과학지식과 정보 및 자료를 제공하며 도와주고 있다.

그런데 지역 주민들은 이혼이나 상속 다툼, 법적 분쟁 등에 관한 것은 사서와의 상담을 꺼려한다. 이런 문제점을 보완하고자 시민들이 스스로 자료를 찾고 해결할 수 있도록 도서관 1층 로비의 한쪽 켠에 별도의 전단지를 붙여 놓았다. '이혼'이라 적힌

전단지에는 이혼과 관련된 도서가 놓여 있는 위치, 상담이 가능한 관련 단체 전화번호까지 적혀 있다. 지역주민들을 위한 배려가 느껴진다.

도서관의 정보 제공은 국내에 그치지 않고 국제적으로도 시야를 넓힌다. 1층의 일반도서실과 아동도서실을 돌아보고 2층으로 올라가니 '환일본해교류실 · 국제교류라이브러리'가 나온다. 이곳에는 한국어, 중국어, 러시아어로 된 도서와 잡지들이 비치되어 있다. 한국어 중에는 배우 박신혜의 얼굴이 표지에 나와 있는 책도 보인다. 외국어로 된 어린이용 그림책도 있는데, 원어와 모국어를 함께 읽어주는 이벤트도 있다고 한다.

돗토리현립도서관의 동네서점 살리기

돗토리현립도서관에서는 돗토리현의 역사와 문화를 담고 있는 자료에 대한 관심도 크다. 2층에 있는 향토자료실에는 돗토리현 관련 자료 15만 종을 모아 10진법으로 분류해놓고 있다. 일반도서는 1부씩만 구입하는 데 비하여, 향토 관련 도서는 3부를 구입한다. 1부는 보존용, 1부는 관외 대출용, 1부는 관내 열람용으로 활용하기 위해서이다. 한국도 각 지역의 공공도서관에 향토자료실이 없는 곳이 많은데, 조속히 구비해서 지역문화 관련 자료를 모아 주민들이 활용할 수 있게 해야 할 것이다.

  도서관의 또 하나 특징은 책을 구입하는 방식이다. 1억 엔의 도서구입비로 책을 살 때 지역 서점을 이용하여 정가로 구입한다. 현내의 7개 크고 작은 서점에서 도서관용 희망도서를 보내주면, 사서들이 그 희망도서들 중에서 선정하여 구입할 책과 다시 돌려보낼 책을 구분해낸다. 만일 서점 간에 책이 중복될 경우에는 규모가 작은 서점의 책을 구입한다고 한다. 이러한 구입 방식은 일괄해서 납품 받는 게 아니라서, 사서들의 일손이 많이 들어가지만, 동네서점을 살리는 데 크게 기여하고 있다. 동네서점이 점점 사라지고 있는 한국 현실에서 이러한 방식을 권하고 싶다.

  본격적인 지방분권시대를 맞이하려는 지금, 돗토리현의 책문화 살리기 활동은 우리 지역사회의 책문화 발전에 중요한 시사가 될 것으로 생각한다.

지방분권시대 리더의 자세와 역할

지방분권시대가 열리고 있다. 2018년 3월 정부에서 발의한 대통령 개헌안 내용을 보면, 헌법 제1조 ③항에 "대한민국은 지방분권국가를 지향한다."라는 새로운 조항이 들어 있다. 또한 현행 헌법에는 지방자치단체 관련 조항이 2개조 정도로 간략하게 되어 있는 데 비하여, 이번 개헌안에는 '제9장 지방자치' 규정을 별도로 할애할 정도로 지방정부의 권한을 강조하고 있다.

지방분권에 대한 핵심 내용은 개헌안의 다른 조항과 달리 정파 간에 이견이 없는 것으로 보인다. 하기야 지방정부 추진이나 지역사회 강조는 사실상 늦은 감이 있다. 중앙집중에서 지방분권으로의 변화는 이미 세계적인 추세이며 시대정신의 구현임을 인식해야 한다. 이러한 인식을 바탕으로 지방분권시대 리더의 자세와 역할에 대하여 살펴보고자 한다.

지방분권시대 공부하는 서번트 리더십

우선, 리더의 자세로 다음 세 가지를 제시하고 싶다.

첫째, 리더는 비전의 소유자여야 한다. 자신이 속한 공동체의 나아갈 방향을 제시할 수 있는 인물이어야 한다. 더구나, 제4차 산업혁명의 바람이 일고, 국제화가 우리들의 일상생활에 영향을 미치는 오늘날, 비전을 지니지 못한 리더는 자신의 공동체를 후퇴시키는 과오를 범하게 될 것이다. 급변하는 시대의 흐름을 파악하여, 새로운 정책 대안을 제시하고 실행하기 위해서 리더는 모름지기 공부해야 한다. 바쁜 와중에도 도서관이나 교육장을 찾아 공부하며 생각을 키워 나가야 한다. 독일의 국회의원들은 법안을 발의하고 정책을 개발하기 위하여 직접 도서관에서 자료를 찾고 연구한다고 한다. 지방분권시대 리더들은 독일 같은 선진국의 리더들 이상으로 학습하는 리더가 되어야 한다. 아울러, 각 분야 전문가들, 다양한 경험과 아이디어를 지닌 시민, 진취적인 생각을 지닌 젊은이들과도 자주 만나며 그들로부터의 배움도 게을리하지 않아야 함은 물론이다.

둘째, 리더는 매사에 투명해야 한다. 특히, 선출직 공직을 맡은 리더들은 자신의 사생활 보호보다는 공적인 업무 속에서 '시민들의 알 권리'가 더 중요하다는 사실을 잊지 말아야 한다. 단체장의 경우는 매순간 자신의 모든 일정과 공무 수행 과정을 홈페이지 등을 통해서 공개해야 한다. 여기에 동의하지 않을 경우 공직에 나서지 말아야 한다.

셋째, 서번트 리더십을 가져야 한다. 현대의 리더는 군림하거나 통치하려 해서는 안된다. 우리 헌법 제1조에 나와 있듯이, "모든 권력은 오로지 국민으로부터 나온다."는 사실을 알고, 유권자요 납세자인 국민을 섬기는 자세를 시종일관 견지해야 한다.

문화가 흘러넘치는 지역사회를 만드는 리더십

현대 민주사회의 리더는 대부분 지역사회에서 탄생하고 성장해 왔지만, 지방분권시대의 리더는 더욱 그러할 것이다. 그러나 아직까지 지역사회 리더들이 수행해온 모습들을 보면 비판받을 점이 한두 가지가 아니다. 그동안 소홀히 했던 점들을 중심으로 지방분권시대 리더의 역할을 세 가지로 정리해보고자 한다.

첫째, 인력과 예산을 공정하고 합리적으로 운영해야 한다. 이를 위해서는 공과 사를 구분할 줄 아는 자세가 기본이겠지만, 더 나아가 업무를 정확히 파악하고 있어야 한다. 어떤 정책이나 제안이 공동체 발전을 위한 것인지, 민원인이나 관료의 사적 욕심을 채우기 위한 것인지 구별할 수 있는 식견을 지녀야 한다. 또한 공공기관의 조직이나 예산이 효과적으로 활용되고 있는지 판단할 줄 알아야 한다. 그래서 리더는 항상 공부하는 자세를 잃지 말아야 한다고 강조하는 것이다.

둘째, 주민 복지를 강화해야 한다. 주민 복지는 선심성 행정의 수단이 되어서는 안 된다. 지역사회에서 소외된 이웃에게 일차적인 관심을 기울여야 한다. 구체적으로, 외롭거나 가난해서 자살할 수밖에 없는 처지의 노인들을 먼저 찾아 나서서 예방 복지를 실현해야 한다. 한국 노인의 자살률이 세계 1등이지만, 중앙정부나 지역사회에서 이 문제를 해결하려는 노력은 뚜렷하게 보이지 않고 있다. 저자는 극심한 추위에 시달렸던 지난 겨울, 충남 지역의 성당 주임신부님을 만났더니, "이런 날씨에 돌아가실 노인분들이 더 많이 나와 걱정"이라는 말씀을 하신다. 새삼 리더의 자세를 생각해 보게 된다.

어려움에 처한 노인 외에도 극빈 가정, 소년소녀 가장, 사회적응에 어려움을 겪는 장애인, 다문화 가정, 국가 복지정책의 사각지대에 놓인 주민 등 모두가 지역사회 리더들이 관심을 가져야 할 이웃들이다.

셋째, 주민들이 수준 높은 문화를 향유하도록 힘써야 한다.

문화란 삶의 질을 높이고 주민들의 행복지수를 높이기 위한 것이다. 최근 한국의 경제력은 크게 신장되었지만, 문화선진국이라고 자부하기에는 아직 멀었다. 이제는 한국도 경제성장에만 집착할 것이 아니라, 주민 복지와 함께 문화 향유 수준을 높이는 데에 관심을 쏟아야 할 것이다. 유럽의 문화 선진국들은 일상에서 수준 높은 문화를 즐기고 있다. 마을 곳곳에서 공연이나 전시회를 일상처럼 관람하고, 편리하게 생활체육을 즐기며, 동네 도서관이나 교육장에서 독서와 평생학습의 혜택을 누리고 있다.

 우리도 문화가 흘러넘치는 마을을 만들어야 한다. 현재 한국은 크게 성장한 경제력을 바탕으로 각 지역별로 문화 향유를 위한 인프라를 만들어가고 있다. 이러한 인프라도 더욱더 많아져 선진국 수준으로 나가야 할 것이고, 동시에 문화에 대한 시민들의 의식과 습관도 높아져야겠다. 우리 모두는 지역의 발전 속에서 문화를 즐기는 시민, 독서가 생활화된 주민이 되어야겠고, 창의력을 키우고 협동정신을 길러주는 교육이 우리 지역사회에서부터 일어나게 해야 한다. 이런 일에 솔선수범하고 앞장서는 일이 새로운 시대 리더의 역할일 것이다.

지방정부 리더들을 건전하게 이끌어주는 시민단체

 지방분권시대의 도래와 함께 지방정부의 규모와 권한이 커짐에 따라 이와 함께 시민단체가 활성화되어야 한다. 권한이 커진 지방정부 리더들이 앞에서 말한 자세와 역할을 망각한다면, 지역사회는 퇴보나 정체를 벗어나기 어려울 것이다. 견제와 비판을 벗어나 막강한 권한을 휘둘렀던 부패·무능한 리더들이 국가에 큰 해악을 끼친 경우를 우리는 잘 알고 있다. 지방정부의 경우는 견제와 비판에서 더 취약한 환경에 놓여 있다고 할 수 있다. 따라서 지방정부 리더들을 견제하고 비판하며 건전하게 이끌어줄 시민사회 단체 역시 지방분권시대 리더로서의 사명을 다해야 할 것이다.

고령화시대에 독서운동을 제안함

　오늘날 노인들은 예전과 달리 노인답지 않게 활기차고 젊어 보이는 분들이 많다. 그러나 아직도 대다수 노인들은 빈곤을 벗어나지 못하거나 외로움에 처해 있다. 노인들의 행복지수 역시 매우 낮은 수준이다. 노인들을 위한 사회복지와 함께 문화복지가 필요한 시점이다. 삶의 질을 높이고 문화복지 향상을 위한 방안으로 노인들을 위한 독서운동을 제안하고자 한다.

　독서는 젊은 사람을 현명하게 만들고, 노인들의 삶을 젊게 만들어 주는 활력소라고 생각한다. 노인 개개인의 독서도 중요하겠지만, 더 나아가 사회운동의 일환으로 노인 독서운동을 전개할 것을 제안한다. 구체적인 독서운동 방안을 다음 세 가지로 정리해본다.

첫째, 노인을 위한 그림책 함께 읽기 운동이다.

　노인들이 모여 그림책을 함께 읽으며 토론하는 모임을 구성하고 운영하도록 하는 일이다. 지방자치단체 또는 지역 공공도서관이나 사회단체에서는 이러한 모임들을 적극적으로 마련하고 지원해야 할 것이다. 이러한 모임에 독서지도자 또는 그림책 관련 전문가를 강사나 안내자로 초빙하여 노인 그림책 독서모임이 활성화될 수 있도록 지원할 필요가 있다. 예산 대부분은 강사에 대한 지원 정도이므로 큰 경비가 들지 않는 것이 장점이다.

　그림책의 종류는 대상에 따라 어린이용과 성인용으로 구분되는데, 노인들의 경우 두 가지 그림책을 모두 읽으며 이야기를 나눌 수 있을 것이다. 어린이용 그림책에 대한 공부를 토대로 가족의 어린 아이들에게 전할 수 있고, 성인용 그림책에 대해서는 함께 토론하며 그 의미를 더욱 깊고 풍성하게 할 수 있을 것이다.

　그림책은 형식에 따라 텍스트가 있는 일반 그림책과 글 없는 그림책으로 나눌 수 있다. 노인들의 경우는 오랜 인생 경험을 바탕으로 글 없는 그림책에서도 다양한 해석과 스토리텔링이 가능해지기 때문에 알차고 풍성한 논의가 가능해질 것으로 전망된다. 글 없는 그림책은 아직 한글을 배우지 못한 유아들도 접할 수 있는데, 이 과정을 노인들이 이끌어줄 수 있을 것이다.

둘째, '독서 가족신문 만들기'를 제안한다.

이것은 할아버지 할머니가 손자 손녀와 함께 참여하는 가족 중심의 독서운동에 해당한다. 가족 독서신문 만들기 운동을 경진대회 방식으로 하여 각 지자체 및 전국 단위로 확산할 필요가 있다. 초등학생과 부모, 조부모가 함께 참여하여 독서를 주제로 한 체험담 또는 생각 등을 신문으로 꾸며서 내게 하는 것이다. 주제는 책을 통한 가족과의 소통과 사랑이 될 것이다. 이런 기회에 손자들과 떨어져 살고 있던 할아버지 할머니도 함께 모여 독서신문을 만들어 보게 하는 것이다. 신문에 들어갈 내용도 독후감 따위의 상투적인 형식에 머물지 말고, 책 제목 바꾸어 보기, 표지 디자인을 고쳐서 새로 만들기, 서적 광고 짜기, 책의 내용을 그림으로 표현하기 등등으로 다양화해야 할 것이다. 이런 과정에서 할아버지 할머니와 손자 손녀들이 머리를 맞대고 의논할 수 있다면 더욱 재미있어질 것이다.

셋째, 노인 자서전 만들기 운동을 제안한다.

노인들이 각자의 자서전을 단독 또는 공동으로 만들 수 있는 모임을 구성·운영하도록 지원하는 일이다. 자서전 만들기란 집필이나 편집 능력이 충분하지 않은 사람들이 스스로 자서전을 기획, 저술, 편집할 수 있는 능력을 갖출 수 있도록 사회교육 운동을 일으키자는 것이다. 이를 위해서 출판기획, 글쓰기, 편집 디자인, 사진촬영 등에 관한 교육을 시행하는 것이다. 교육을 담당할 인적 자원은 출판계에서 확보하도록 하고, 그 장소와 재정 지원은 각 지역의 지자체에서 하게 하는 방안이다.

  노인들의 자서전에는 격동의 한국 현대사를 살아온 경험이 응축되어 표현될 것이다. 자신이 살아온 역사를 올바로 서술하기 위해서는 자신의 시대와 활동과 관련된 다양한 종류의 서적을 읽게 될 것이므로 독서운동도 겸하게 된다.

자녀의 책 읽기 지도를 위하여

저자는 초·중학생 자녀를 둔 학부모를 대상으로 '책 읽기 지도'를 주제로 강연하고 함께 논의하는 시간을 가졌다. 이 모임에 참여한 이십여 명의 학부모들은 지역사회에서 시민운동을 전개하고 있는 '교육환경개선학부모연합회' 회원들인데, 청소년 교육과 독서 지도에 매우 열성적이었다. 강연 내용을 간략히 소개한다.

책 읽기 지도의 비법을 기대할지 모르나, 그 비법은 없다. 다만, 사람에 따른 다양한 방법이 있을 뿐이다. 우선, 거의 모든 학생들에게 해당되는 독서 지도에서 삼가야 할 사항을 말하고 싶다.

첫째, 독서가 좋다느니, 중요하다느니 하는 말을 입 밖에 내서는 안된다. 그럴 경우 독서 흥미는 오히려 사라지기 쉽다.

둘째, 추천 도서를 선정하거나 필독도서를 읽으라고 해서는 안된다. 간혹 학교에서 필독도서를 정하고 읽기 숙제를 내주는 경우가 있는데, 이는 재미있는 독서를 부담 가는 업무로 만들어 버리기 십상이다.

셋째, 독후감을 쓰게 해서는 안된다. 그 대신 아이들 성향이나 취미에 따라, 책 속의 주인공 흉내 내기, 책의 내용을 그림으로 표현하기, 읽은 책을 부모에게 자랑하기 등은 무방할 것이나, 이런 일들도 부모가 직접 권하지는 않는 것이 좋다.

가정에서 시작하는 독서의 즐거움

독서 지도에서 부모의 역할은 언제 어디서나 책을 읽을 수 있는 환경을 조성하는 일이다. 물론 부모가 책 읽기를 즐겨야 한다. 이런 분위기 속에서 자녀들은 자연스레 독서를 좋아하는 사람으로 성장하게 될 것이다. 나아가, 자녀가 어릴 때부터 부모와 함께 신문을 즐겨 읽을 수 있다면, 금상첨화일 것이다. 중학교 1학년 학생들 자유학기제 수업을 나가 보면, 지식이 뛰어나고 창의력이 넘치는 학생들을 간혹 보게 되는데, 그 배경을 살펴보니 신문을 함께 읽고 대화하는 가족이었다. 그러고 보면 신문은 세상을 보는 창이고, 정보와 지식의 보고이며, 아이디어가 솟아나는 원천이 아닌가.

또한 아이들이 도서관이나 서점을 친숙하게 이용할 수 있도록 유도해야 한다. 특히, 어린 자녀의 경우 비교적 큰 서점에 데리고 가서 장난감이나 액세서리 또는 맛있는 음식을 사준다든가, 아니면 서점내 놀이방 등에서 신나게 놀 수 있게 해줌으로써, 서점이 즐거운 추억의 장소가 되도록 할 필요가 있다.

사실은 학교가 그러한 즐거운 추억의 장소가 되어야 하지 않을까. 우리 아이가 초등학교 4학년 때 교사 연수를 간 엄마를 따라 미국 학교에서 한 학기를 보낸 적이 있는데, 영어도 안 통했을 아이가 학교생활 일주일 후 했던 말이 생각난다.

"아빠, 학교 가는 게 매일매일 놀러가는 것 같애!"

놀이가 되고 즐거움이 되는 것이 바로 학습의 본령이 아닐까. 배움이나 공부는 사람들의 호기심을 채워주는 것이므로 가장 즐거운 놀이가 되어야 하는데, 우리 교육 실상은 그 반대를 향하고 있는 듯하다. 학교 전체를 즐거운 곳으로 바꾸는 데에는 시간이 오래 걸리고 많은 사람들의 노력이 필요하겠지만, 가정내 즐거움은 독서를 통한 아이와 부모의 합동작전으로 곧바로 가능해지지 않을까 생각해 본다.

최근 독서가 두뇌 활성화에 효과가 크다는 것이 뇌과학 실험 연구에서 밝혀졌다. MRI 촬영을 통해 관찰한 결과 컴퓨터 게임을 할 때 활성화되지 않던 뇌가 독서를 할 때 다소 활성화되었고, 질문에 대답하려고 할 때, 뇌는 더 활발해졌다. 뇌가 가장 활성화되었던 경우는 본인이 스스로 질문할 때로 관찰되었다고 한다.

그렇다면 가장 효과적인 뇌 활성법은 책의 저자와 끊임없이 따지고 질문하는 독서라는 결론이 나온다. 이러한 독서법은 책의 내용 파악에는 물론이고 두뇌 개발에도 효과가 크다니 일석이조라 할 수 있다.

독서 방식의 변화

　독서 방식은 시대에 따라 변화해왔는데, 우선 음독에서 묵독으로의 전환을 들 수 있다. 고대의 독서는 동서양 모두 청중을 대상으로 한 낭독을 의미했다. 한국에서도 조선시대에는 책을 읽어주는 직업인 전기수가 활약했다. 어느 전기수가 너무 실감나게 소설책을 읽어주다 보니, 한 청중이 진짜 악당인 줄 착각하여 전기수를 칼로 찔러 죽인 살인사건이 발생하기도 했다.
　혼자 하는 독서에서도 음독은 책 속의 문자를 소리내어 읽음으로써 글의 의미를 내면화시키기에 가장 좋은 방법이었다고 한다. 서당 교육에서는 천자문이나 사서삼경을 100번 소리내어 읽으며 외우는 것이 중요한 학습방법이었다. 100번 읽다 보면 문리가 트여서 한문 해석은 물론 세상사 이치에도 통달하게 된다고 한다.

서양에서는 16세기 이후 묵독이 일반적인 독서 관행으로 자리잡아갔다. 묵독은 활판인쇄술의 본격적인 발달 이후 폭발적으로 늘어나는 정보나 지식의 처리에 적응하는 독서 방법이었다. 이때부터 독서는 사적인 공간, 곧 나만의 공간에서 이루어지게 됨에 따라, 사람들은 각자의 내면세계로 깊이 빠져들 수 있었고, 텍스트를 비판적으로 읽고 해석할 수 있게 되었다.

그런데 21세기에 들어서서 독서법에 전혀 새로운 방식이 나타났다. 디지털 텍스트 읽기의 등장이다. 전자책 등으로 읽는 독서는 일관되고 중심이 있는 기존의 종이책 읽기와는 전혀 다른 성격을 띠게 된다. 읽는 중에 궁금한 용어나 개념을 클릭해서 새로운 내용으로 들어갈 수 있다. 다시 말해서 저자가 만들어놓은 정해진 순서에 따라 읽어나가는 것이 아니라, 읽는 순서를 독자가 임의로 수시로 바꿔나가는 것이다. 이러한 독서는 논리적이고 일관된 사고체계보다는 감성적이고 파편화된 즉각적인 반응을 중시하게 해준다. 이제는 저자가 아니라 독자 중심의 독서를 하게 되고, 아날로그 텍스트에서처럼 중심 키워드는 사라지고, 독자에 의해 선택된 키워드가 독서의 방향을 이끌어가게 된다.

디지털 시대의 바람직한 독서 방식

디지털 시대의 바람직한 독서 방식은 무엇일까. 전문가들은 아날로그 독서의 장점과 디지털 텍스트 읽기의 장점을 살려가야 한다고 주장한다. 디지털 독서의 장점인 검색과 건너뛰기 기능을 최대한 활용하면서도 아날로그 독서의 장점인 논리력과 비판적 해석능력을 잃지 말아야 한다. 그리하여 디지털 텍스트 읽기에서 얻은 정보를 지식으로 변환시킬 수 있는 아날로그 독서 방법을 이용할 줄 알아야 하고, 아날로그 독서에서 부족한 검색과 광범위한 조사 등은 디지털 텍스트 읽기를 통해서 확보해야 한다. 아울러, 디지털 텍스트 읽기에서 일어나기 쉬운 피상적이고 파편적인 읽기를 극복해야 한다.

또한 종이책 독서이든 디지털 독서이든 독서 만능에 빠져서는 안될 것이다. 독서와 두뇌 개발은 최고도로 했지만, 사회적 악으로 지목되어 지탄받는 인사들도 우리는 많이 보아왔다. 또한, 나홀로 독서에만 깊숙이 매몰되어 극단의 고립생활에 빠져드는 경우도 있다. 독서 지도보다 더 중요한 것은 공동체의 발전이라는 대의 속에서 협동하는 사람을 키우는 것이다. 이를 위하여 함께 읽기 운동을 제안한다. 한 가족 안에서, 또는 크고 작은 모임이나 공동체 내에서 함께 읽으며 협동정신을 키워 나가는 독서운동이 활발히 전개되었으면 한다.

참고문헌

제1부 지역사회의 책문화 살리기

김부겸(2018). "드론 부모와 지방 분권 개헌", 〈한겨레신문〉, 2108.3.6.

이기우(2017). "지방 족쇄 풀어야 국민소득 3만 달러 뚫는다", 〈중앙일보〉, 2017.10.2.

손기웅(2006). "동서독간 출판 분야 교류·협력과 시사점", 범우출판문화재단 편, 〈독일의 통일과 출판시장 통합연구〉, 범우사.

부길만(2014). 〈출판산업 발전과 독서진흥〉, 일진사.

부길만(2003). 〈조선시대 방각본 출판 연구〉, 서울출판미디어.

출판저널(2017). 특집좌담:책문화생태계 모색과 대안. 〈출판저널〉 통권 500호.

제2부 지역출판과 지역도서전

강수걸 외(2015). 〈지역에서 행복하게 출판하기 : 부산 출판사 산지니의 10년 지역출판 생존기〉, 부산 : 산지니.

강수걸(2016.3.20.). "책으로 지역을 바꾸고 세상을 바꾸자 : 부산 산지니 출판사", 〈기획회의〉. 통권 412호.

김정명·최낙진(2016). "지역도서전의 지속가능성 요인 연구 : 일본 북인 돗토리 사례를 중심으로", 〈한국출판학연구〉, 제74호.

김형수(1987.2.). "지역출판 운동에 관하여", 〈관동〉. 제18호, 관동대학학도호국단.

류승렬(1995). "부산지역 출판 현황 및 그 대책", 〈학술연구논총(Ⅱ)〉, 부산전문대학학술연구소.

박문열(1997). "청주지역의 출판문화에 관한 연구", 〈국제문화연구〉, 제15호.

박태일(2016). "대구 지역과 딱지본 출판의 전통", 〈현대문학이론연구〉. 제66집.

백원근(2009.7.). "지역사회 독서진흥과 지역출판 활성화", 〈도서관문화〉, 제409호.

백원근(2016.3.). "지역 공동체가 함께 만들고 향유하는 지역출판", 〈출판저널〉, 제482호.

부길만(2015.5.11.). "지역 문화와 지역 출판의 발전", 도종환의원실, 배재정의원실, 김태년의원실, 박주선의원실 주최 〈지역출판 진흥과 활성화를 위한 국회토론회〉 자료집.

부길만(2017). 〈지역사회와 민주주의를 말하다〉, 부산 : 산지니.

송광룡(2016.3.20.). "자라지 않는 나무는 얼마나 고독한 것이냐 : 광주 심미안 출판사", 〈기획회의〉. 통권 412호.

안현주(2012). "조선 후기 전남지역의 출판문화에 관한 연구", 〈한국도서관·정보학회지〉, 제43권 제3호.

오은지(2016.3.20.). "지역출판사의 행복 : 대구 한티재 출판사", 〈기획회의〉. 통권412호.

옥영정(2006). "조선시대 태인지역의 고인쇄문화에 대한 일고", 〈서지학보〉, 제30호.

윤병태(1985). "충청지방의 출판문화", 〈출판학연구〉.

윤병태(1989). "경상감영과 대구지방의 출판인쇄문화", 〈출판학연구〉.

윤병태(1992). "평양의 목판인쇄 출판문화", 〈출판학연구〉.

이완수(2014). "한국 지역 출판산업의 지형과 방향 : 생산자 관점에서", 〈한국출판학연구〉, 제68호.
이태영(2015). "완판본 출판과 지역민의 의식세계", 〈전주학연구〉, 제9호.
장은성(2016.3.20.). "생활과 출판이 하나가 되어 : 홍성 그물코 출판사", 〈기획회의〉, 통권 412호.
장인진(2003). "경상감영의 인쇄문화가 지역 출판에 끼친 영향", 〈한문학연구〉, 제17집.
전광진(2016.3.20.). "상추쌈이니까 가능한 책들 : 하동 상추쌈 출판사", 〈기획회의〉. 통권 412호.
정재원(2005). 〈서울 국제도서전의 활성화 방안에 관한 연구〉, 중앙대학교 신문방송대학원 신문방송학과 출판·정보미디어 전공 석사학위논문
정윤희(2018). "지역출판의 시대가 온다", 〈출판저널〉, 통권 503호.
최낙진(2015). "지역 출판산업의 현황과 활성화 방안 연구, 〈한국출판학연구〉, 제71호.
최낙진·김정명(2016.9.1.). "대한민국 지역도서전 개최 의미와 전망", 〈한국지역출판문화잡지연대 창립총회 및 기념 세미나 자료집〉.
한국출판학회(2013.10.4.). "지역출판의 현실과 희망 : 생산자 영역을 중심으로", 〈한국출판학회 제27회 정기학술대회 자료집〉,
한주리·김동혁(2016). "지역서점 활성화와 지역출판의 연계 가능성에 관한 연구", 〈한국출판학연구〉, 제76호.
한창영(1968.12.). "출판문화와 지역개발과의 관계", 〈제주도〉. 제37호.

책문화교양 003

지역사회의 책문화 살리기

1판 1쇄 인쇄 | 2019년 5월 10일
1판 1쇄 발행 | 2019년 5월 20일

지은이 | 부길만
발행인 | 정윤희
편집 | 윤재연
본문디자인 | 김미영
표지디자인 | 김미영
발 행 처 | 카모마일북스
        (카모마일북스는 피알엔코리아(주)의 단행본 브랜드입니다.)
출판등록 | 제2016-000373호
주소 | 서울시 강남구 남부순환로 2645 한독빌딩 406호
전화 | 02-313-3063
팩스 | 02-3443-3064
이메일 | prnkorea1@naver.com
블로그 | blog.naver.com / prnkorea1

ISBN 978-89-98204-61-7 04020
ISBN 978-89-98204-53-2(세트)
값 12,000원

● 이 책은 저작권법에 보호받는 저작물이므로 무단 복제를 금합니다.

이 도서의 국립중앙도서관 출판예정도서목록(CIP)은 서지정보유통지원시스템 홈페이지(http://seoji.nl.go.kr)와 국가자료종합목록시스템(http://www.nl.go.kr/kolisnet)에서 이용하실 수 있습니다. (CIP제어번호 : CIP2019017522)